プロローグ

99%が知らずにソンをしている！ 30代が、将来後悔しないために知っておきたい「お金」の習慣

「将来の生活が心配だけれど、どうやって、どれくらいお金を貯めれば安心できるのかがわからない」――最近、こんなふうに将来への不安を口にする30代が増えています。この本を手に取ってくださったあなたも、同様の不安を抱えているのではないでしょうか。

私は、FP（ファイナンシャル・プランナー）として15年以上にわたって3000件以上の家計を見てきました。そのなかでここ数年、とくに強く感じているのは、**「30代には、親世代や40代バブル世代とはまったく別の視点からのアドバイスが必要」**ということです。

お金の話は、経済環境などの時代の変化に合わせてとるべき対応が変わります。この点、いま

30代のみなさんは、上の世代の人々とは置かれている状況がずいぶん違うことに目を向けなくてはなりません。それには親や会社の先輩からのアドバイスを真に受けていてはダメなのです。

みなさんは、社会に出るときに就職難で苦労した世代といえるでしょう。その後も景気が大きく上向くことはなく、先行きが見通せない環境がずっと続いています。

このような状況で、将来に対して明るいイメージを持つのは難しいと思います。恵まれた時代を過ごしてきた上の世代はお手本にできませんから、「どうすれば将来への不安を解消できるのか」がわからないのも、当然なのです。

でも、多くの人が気づいていないだけで30代には30代ならではの「いいこと」もたくさんあります。

この本は、そんな30代のみなさんに向けて、いまの時代に即したアドバイスをお届けしたいという思いを胸に書き始めました。

実は、世の中には、最初からお金を「貯められる」習慣が身についている人たちがいます。その人たちは、特別に収入が多いわけでもないのですが、FPの私から見て「将来の生活は、まったく心配ない」と太鼓判を押せる暮らしをしています。

こうした「貯められる」人は、将来への漠然とした不安感とは無縁です。お金をに余裕を持っているので、人生の大きな決断を、お金の有無ではなく自分の意思で決められます。つまり、お金に振り回されることなく前向きに人生を切り開くことができているのです。


たとえば、私の知人のAさんは、典型的な〝貯め上手〟の一人。

彼は大学を卒業後、IT企業で10年近く人事の仕事をしていました。現場で培ったノウハウをもとに、人材採用コンサルタントとして独立することを決意したのが35歳のときのこと。マンションの一室を借りてデスクやOA機器をそろえ、会社を立ち上げて仕事を始めたのですが、資本金の600万円はすべて自分の預金から出しました。仕事が軌道に乗るまでの間の生活費も、預金でまかなったといいます。

Aさんは人付き合いがよく、会社の同僚や友人、知人と飲みに行くことも多い社交的なタイプ。ケチケチしたところは、まったくありません。彼がこれだけしっかりお金をためていたことに、周囲の人は驚いたのではないかと思います。

親戚のBさん夫妻は、30代後半に都心に3LDKのマンションを買いました。リビングの大きな窓から緑豊かな景色が楽しめる、とても住み心地の良さそうなマンションです。

Ｂさんは、社員数５００人ほどの中堅メーカー勤務、２歳年下の妻は派遣で事務の仕事をしている、どこにでもあるごく普通の家庭。でも、ずっと共働きで貯蓄を続けてきたそうで、２人で頭金を出し合ったので、住宅ローンの借入額はたった１０００万円でした。月々の返済は、〝家賃並み〟よりもずっと少ない金額ですんでいるといいます。

Ｂさん夫妻の暮らしぶりは、とくに節約している様子はありません。２人ともおいしいものを食べるのが大好きで、外食などもちょくちょく楽しんでいますし、たまに遊びに行くと、上品で質の良いインテリアにいつも感心させられます。

ローンの負担が軽いので、マンション購入後もこれまでと同じペースで貯められていることでしょう。賃貸時よりも住居費がかかっていないので、もしかするともっとハイペースで貯蓄ができているかもしれません。

さて、みなさんはＡさん、Ｂさん夫妻のケースを知って、どう思いましたか？

「一体、どうやってお金を貯めたんだろう？」

きっとそう思ったことでしょう。

しかし、この２人は何ひとつとして特別なことはしていないのです。

私は、ＦＰとして彼らのような〝貯め上手〟を見てきた経験から、「お金が貯まる人には、共通する３つの習慣がある」ということに気づきました。もちろん、Ａさん、Ｂさん夫妻も、この習慣がしっかり身についています。

その習慣とは

１、先に積み立てでお金を貯め、その残りで生活していること
２、保険と住宅ローンで、お金をムダに減らしていないこと
３、男女とも、できるだけずっと仕事を続けること

このたった３つだけです。

「すごい秘密があるに違いない」と思っていた人は、もしかすると、ちょっと拍子抜けしたかもしれませんね。

しかし99％の30代はこの習慣をまったく知らずに過ごし、知っている人との差は日々開いていっています。

さらに「わかる」のと「できる」のは別の話。この３つを、毎日歯を磨くのと同じように、努力しなくてもできる「習慣」として身につけることが、30代にとっては大切なのです。

逆にいえば、この「お金の習慣」さえ身につけば、誰でも、「貯められる」人の仲間入りができるようになるのです。

本書では、30代のみなさんが置かれている状況を踏まえたうえで、これらの習慣を身につけるための具体的な方法をわかりやすくお伝えしていきたいと思います。

お金を貯めるのは、みなさんが思うほど難しいことではありません。あなたも必ず、「お金に困らない人」になることができます。そして、ひとたび習慣を身につけてしまえば、老後に対して不安を抱くことからも解放されるのはもちろん、**お金が貯められていることによって、人生のいろいろなチャンスや可能性を逃さない、前向きな人生を送ることができるようになる**はずです。

30代は、まだまだ時間がたっぷりあります。これから、いろいろな可能性が大きく広がっている、輝ける世代だと思います。

将来、お金のことで後悔しないために、30代のうちにぜひ「お金が貯まる習慣」を身につけてください。

深田晶恵

目次

プロローグ……1

第1章

99％の30代が知らずにソンしている「お金」の習慣……19

1 「お金持ち＝収入が高い」ではない！「お金持ち」とは、お金の心配をしなくていい人……20

2 30代で、お金を貯められる習慣ができれば一生、「お金に困らない」生活が手に入る！……22

3 いまの高齢者も年金だけでは暮らしていない！昔もいまも、そしてこれからも老後の準備資金は必要……24

4 30代の年金は、親世代よりも多くもらえる!? 働く女性は現在の世代の3倍以上もらえる人も！……26

5 老後期間の見方を変えてみよう！ いまの30代は、親世代と比べて準備する老後資金は少なくすむ……28

6 90歳まで長生きしても
60歳時点で「1250万円＋α」あれば大丈夫！……30
7 シングルの目安は「60歳時点で最低限1500万円＋α」
でも、「一生シングル」と決めつけないで！……32
8 〝年金不安〟にいたずらに振り回されない！
「10年以上先のことはゆるく考える」スタンスを持とう……34
9 どんな人でも、誰でもお金は必ず貯められる！
95％の貯まらない人を救う「貯蓄の先取り」法……36
10 新・生活防衛術！ 保険と住宅ローンを
2200万円節約する方法……38
11 夫婦2人で働けば、年収700万円の生活が手に入る。
さらに年金が増えるメリットも……40
12 たった3つ！ 将来、後悔しないために、
30代のうちに身につけたい「お金」の習慣……42
コラム●数字のトリックにだまされるな！ 「老後に1億円」説のカラクリ……44

第2章

どんな人でもこうすればお金が貯まる！「貯める」しくみの作り方 …… 47

13 お金が貯まれば「会社の奴隷」にならなくていい！まずは半年分の生活費を貯めよう …… 48
14 あなたの〝貯める力〟がすぐわかる！年間貯蓄額がすぐにわかる人、わからない人 …… 50
15 貯めるしくみ化の基本は積み立て！まずは給与天引きできるかを確認しよう …… 52
16 給与天引きができないなら、給与口座からの自動積み立てでしくみ化をする！ …… 54
17 口座は3つ用意して「貯める」しくみを作る！「日常で使う口座」、「年間で使う口座」、「貯める口座」で使い分け …… 56
18 日常で使うメイン口座と、年間出費のサブ口座は同じ銀行の同支店で作ると、タダで振り替えできて便利！ …… 58
19 思い立ったら1日でも早く始めよう！早く始めるだけ積み立て額が増える！ …… 60
20 積み立て額に悩んだら……まずは1万円から始めて、後から変更する！ …… 62

21 最初は100万円を目標に！
貯蓄のペースを確認してシミュレーションする……64
22 お金は「使いながら貯めていくもの」。
大きなお金が必要になる時期とは？……66
23 人生には「お金の貯めどき」が3度到来！
その時期は頑張って貯めておこう……68
コラム● 人生は計画通りには進まない。大切なのは「柔軟に対応する力」……70

第3章

3年後、後悔しないための「お金」の使い方をマスターする

……73
24 30代のお金の使い方は、一生を左右する。
無駄遣いは20代で卒業しよう……74
25 お金管理はシンプルにする！
「通帳記載」と「現金の出金」だけで支出がわかる……76
26 節約だけでは続かない。先取り貯蓄をすれば
残りは好きに使っていい！……78

27 年間支出、年間貯蓄を見直して「ボーナスで補塡する」習慣はやめる……80
28 ひとりでも、夫婦でも「ボーナス会議」を開催！ 事前に予算を振り分ける……82
29 1カ月の総額がすごい金額になる!? 気がつきにくい「なんとなく消費」を防ぐ方法……84
30 お金が貯められない人の残念な習慣。それは「ATMでちょこちょこ引き出し」だ！……86
31 ATMで生活費をおろすのは、「月に一度、まとめておろす」のが正解！……88
32 お金の管理を簡単にするためにも、「クレジットカードは2枚まで」……90
33 今の30代には欠かせない！「電子マネー」との上手なつき合い方……92
34 夫婦の「お小遣い」は例外は作らずに、定額制を導入する……94
35 共働き夫婦は、積み立て額を情報共有し、「別名義」で貯蓄する……96

36 給与が増えたときがチャンス！収入アップの分は積み立てへ……98
37 月間ではよく見えない支出は、項目をまとめて年間支出を確認する……100
38 お金の管理は「年間」でできれば合格。1年ごとに収支決算してみよう……102
コラム● 他人と比較して焦る必要はない。メディアの情報は話半分に聞いておこう……106

第4章

なぜ、40代バブル世代は稼いでいるわりに、お金が貯まらないのか……109
39 40代バブル世代の家計は〝隠れメタボ〟！反面教師にすればお金は貯められる……110
40 年収1000万円あっても「お金に困っている」「将来が心配」な理由……112
41 30代は絶対にマネしてはいけない！バブル世代が「貯められない」5つの習慣……114
42 クルマの支出は年間約100万円！年収100万上げるのと、どっちが楽？……116

43 クルマを持たずタクシー活用〜年間50万円まで乗り放題！
タクシーを使っておトクで便利な生活をする……118

44 シングル女性必見！　結婚、出産を乗り越えて
「細く長い」働き方ができれば、年収は下がらない！……120

45 年収200万円でも正社員ならば、パートとは
30年で3000万円の差、プラス年金が大幅増額になる！……122

46 ネット生保vs大手生保はズバリどっちが得？
生保選びで大切なのはイメージではなく保障内容と保険料……124

47 バブル世代の住宅ローンは「ボーナス返済」に頼りすぎ。
ボーナスに頼らない30代の賢い住宅ローンの組み方とは……126

48 公立中か私立中か？　30代は子どもが小学生までに、
進路や将来のおおまかな見通しをつける！……128

49 「中学受験」は、受験準備だけで最低300万円。
中学校からの学費も含めて計画を……130

50 教育費は子どもが高校までは生活費から捻出しよう
この期間で貯金ができないのは、家計の破綻の第一歩！……132

コラム●お金に関する話は夫婦間の意思疎通が大事。いつまでも〝仲良しカップル〟でいよう……134

第5章

知れば1200万円トクをする！ 30代の保険の選び方、入り方

知れば1200万円トクをする！ 30代の保険の選び方、入り方……137

51 保険は「必要な分だけ買う」。コツを押さえれば保険料は1000万円もカットできる！……138

52 保険料は人件費分、おトク！ シンプルな商品をネットでダイレクトに買おう……140

53 生命保険で必要なのは「死亡保障」か「医療保障」のみ。目的別に別々の商品で加入しよう……142

54 「独身」と「結婚しても子どもナシ」は医療保険のみでOK。子どもができたら死亡保障を追加しよう……144

55 病気になったら、頼れるのは「健康保険」と「現金」。民間の医療保険は入院や手術に備える、3番目に頼るもの……146

56 知らないとソン！ 医療費の自己負担は最高で月9万円弱。月2万円までしか、かからない会社も！……148

57 医療保険で必要なのは「入院給付金」と「手術給付金」だけ。無事故ボーナスやお祝い金などの「特約」をつけると割高に……150

58 30代の医療保険の保険料は、月々5000円では払いすぎ！ 月々2000円前後で十分な保障が手に入る！……152

59 あなたが死亡したら「国」や「会社」の保障あり。「遺族年金」「死亡退職金」「遺児育英年金」などを確認しよう……154
60 死亡保障は高ければ高いほど、保険料も高額に。本当に必要な保険にだけ入って、ムダなお金を節約しよう……156
61 死亡保障を安く買うには「掛け捨ての定期保険」に「必要な期間だけ」、「ネット通販で」加入するのがコツ……158
62 国が保障してくれる「遺族年金」は、共働きの妻が死亡したら、夫は年金をもらえない!?……160
63 30代は保険で「貯蓄」をしないこと！年金保険、変額保険などの「貯蓄型保険」に入ってはいけない！……162
コラム●医療保険は、ある程度貯蓄ができたら〝卒業〟しよう……164

第6章 家は40代で買いなさい！お金を減らさないマイホーム購入術……167
64 なぜ結婚と同時に家を買ってはいけないのか。住宅購入は「遅いほどトク」と心得よう……168

65 賃貸と持ち家は、「どちらがトクか」と比較せず、自分のメリット、デメリットで選ぼう……170
66 親世代と決定的に違うので要注意！ いまの30代は、マイホームを一度買ったら住み替えが難しい……172
67 30代で「終の住み処」を選ぶのは危険！ ライフスタイルが固まる40代で買うのがベストな理由……174
68 30代のうちは賃貸を上手に利用して、ライフスタイルに合う住環境を手に入れよう……176
69 マイホームの「頭金づくり」でローン返済期間のトレーニングをしよう……178
70 「物件価格の３割＋２００万円」が用意できるまでマイホームは買ってはいけない……180
71 「借りられる額」と「返せる額」は違う！ 住宅ローンは60歳までに完済できるプランを組もう……182
72 「家賃並みの返済額」「いざとなったら貸せばいい」…売り手が流す情報をうのみにしてはいけない……184
73 すでに買った人も大丈夫！ ローン60歳完済計画を立て利息を減らす方法……186

74 繰り上げ返済すると利息が減っておトクだけれど、必要な貯蓄は残しつつ、計画的に実行するのが大切……188
75 マイホームや保険を決める時、売り手側にだまされて後悔しない方法とは……190
コラム●住宅は新築のほうがいいに決まっている？　中古の意外な魅力とは……192

第7章 将来泣かないために、30代で「だまされない」投資力を身につける！

……195
76 「貯める力」と「減らさない力」に加えて「殖やす力」を身につければ、これから怖いものなし！……196
77 30代は投資のトレーニングの開始時期。だまされないためのお金の知識をどう身につけるか……198
78 預貯金が「徒歩」なら、投資は「自転車」。投資の勉強は、実際に「やってみる」ことが大切……200
79 投資をするには、銀行や郵便局は向かない手数料が安いネット証券に口座を開くといい理由……202
80 30代だったら、まずは10万円を投資！痛い思いやおいしい思いを体感するのが大事……204

81 投資するなら〝練習向き〟の「投資信託」から。なぜ、日本株の「インデックス・ファンド」がお勧めなのか……206
82 投資商品は「手数料」が安いものを選ぶのが鉄則。金融機関で勧められる商品は要注意！……208
83 「ギャンブル性が高い」「カモにされる」「手数料が高い」この3つは買ってはいけない金融商品の代表！……210
84 「買って、持って、売る」が1つの経験。投資商品を買ったら、「いくらになったら売るか」を考えよう……212
85 「おつき合い」でいい商品と実感できたら、長期の「結婚」へ！　お勧めは積み立て投資……214
コラム● 投資を始めると、自然に経済の知識がついてくる。景気の先を読む力をつけ〝稼ぐ力〟も鍛えよう……216
あとがき……219

第1章

30代で知っておきたい「お金」の習慣

1

「お金持ち＝年収が高い」ではない！「お金持ち」とは、お金の心配をしなくていい人

この本のゴールは、読者のみなさんが「お金の心配をしなくてすむようになること」です。

あなたは、「もっとお給料が高ければいいのに」「年収が上がれば安心できる」と思うことはありませんか？　そのように考えるのは、ごく自然なことだと思います。でも、私が長年の相談業務を通じて感じるのは、「高いお給料でも、それに比例してお金が貯まっているわけではない」ということ。月々の生活費が20万円以上で、定年後まで延々と続く住宅ローンを持ち、子どもは私立校、妻は専業主婦で、夫婦それぞれのお小遣いが多い――年収が高い人には、長年にわたって、こんな生活を続ける人が少なくありません。そして、「もう少しで退職」というタイミングになって初めて貯蓄がほとんどないことに気づき、あわてて相談に来るのです。

私がＦＰとして家計をチェックする際、重視するのは年収の額ではありません。**一番大事なのは、「一定額を継続して貯め続けた実績があるかどうか」**。お金が貯まるしくみさえきちんと作れていれば、お金の心配をする必要はまずないからです。「お金の心配をしなくていい人」こそ、本物の「お金持ち」。あなたも、お金持ちを目指しましょう！

□ どちらが「お金の心配」を しなくていい人生が送れる人？

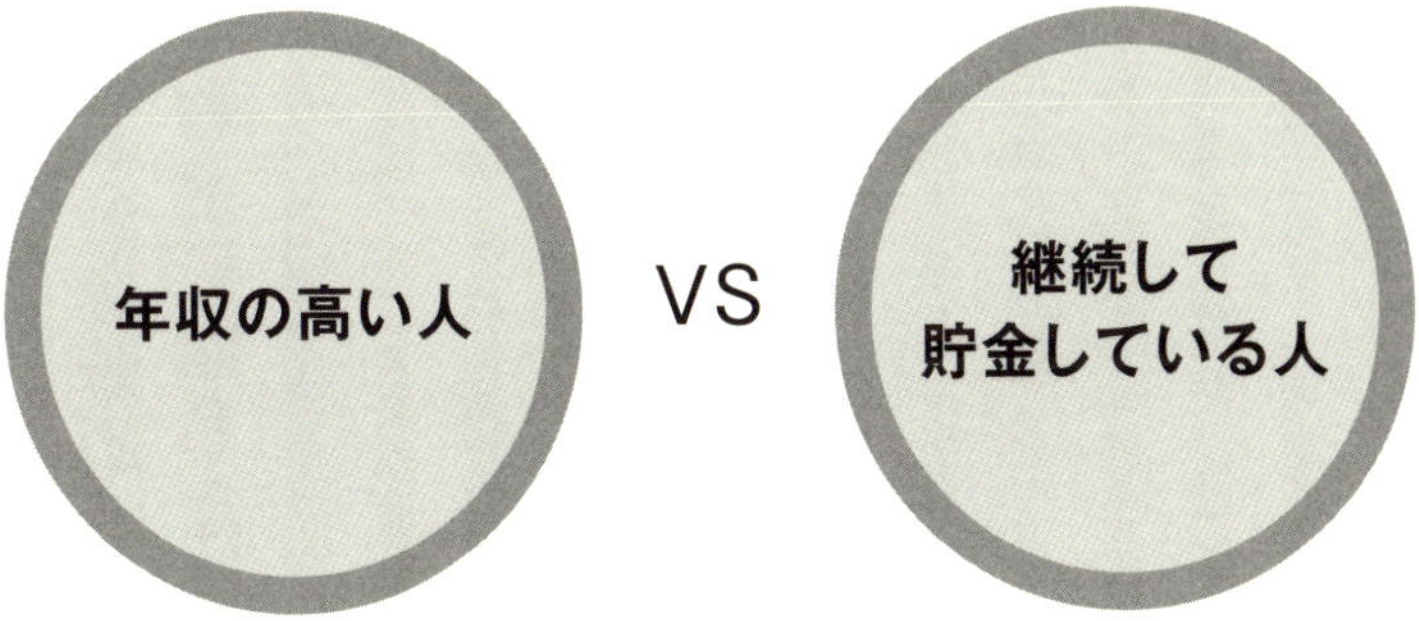
年収の高い人
VS
継続して
貯金している人

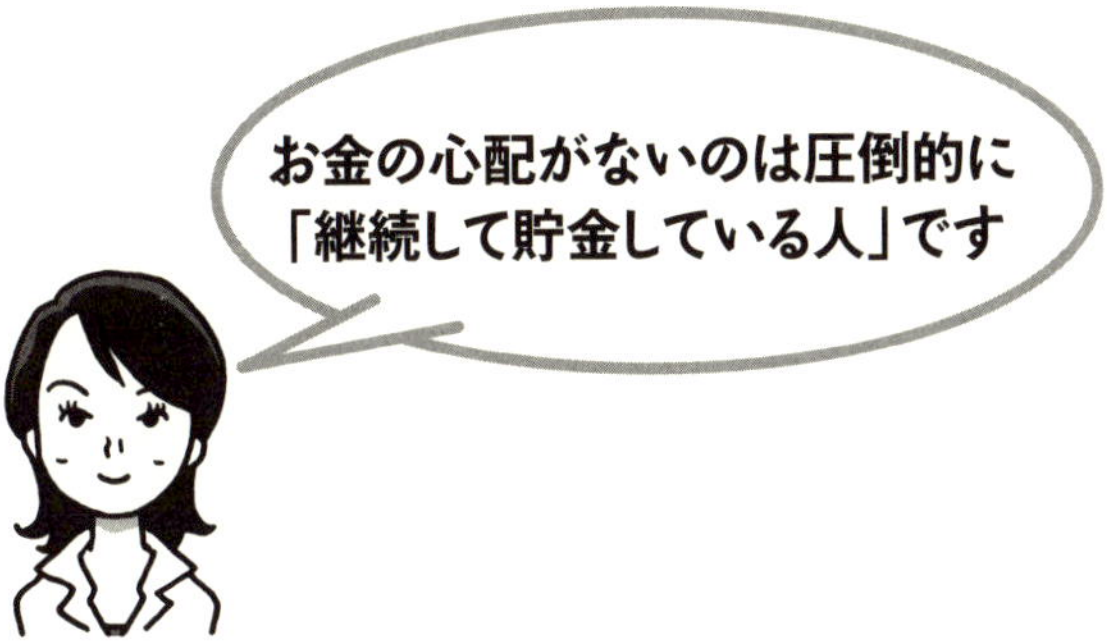
お金の心配がないのは圧倒的に
「継続して貯金している人」です

2

30代で、お金を貯められる習慣ができれば一生、「お金に困らない」生活が手に入る！

プロローグにも書きましたが、私は15年以上にわたって、３０００件以上のお金に関するアドバイスを行なってきました。相談者に30代がかなり多いのは、20代と違って〝決断の世代〟だからと言えるでしょう。マイホーム購入時の住宅ローンの組み方、結婚後の生活設計、子ども誕生後の保障設計や教育費の貯め方など、相談内容はさまざまです。

今の30代と10年前の30代では、明らかに経済状況が変わっていて、それに伴い相談する側の悩みも私のアドバイスも変化しています。今の30代は上の世代に比べお給料の伸びがにぶく、年金不安世代なのも確かですが、一方で、この世代ならではの強みもあることに気づきました。

まず私が自信を持っていえるのは、30代には自然に〝お金を貯められる素質〟があることです。いま40代、50代のいわゆる〝バブル世代〟は、過去、順調にお給料が上がってきたため、それをアテにしてローンを組んだり、身の丈よりもちょっと贅沢な暮しをしている世帯が多くあります。ですから、私の本音を言えば、今後の先行きが心配なのは、実は〝バブル世代〟です。

この点、今の30代は社会に出たときからずっと地に足のついた生活を送ってきているので、コツさえつかめば、お金を貯める習慣を身につけるのは難しいことではありません。みなさんは、自分に〝貯められる素質〟があることに気付いていないかもしれませんが、そこは自信を持っていいと思います。なかでも、いま本書を手に取っているあなたは、かなり「将来」への意識が高いはず。〝貯められる素質〟は、十分あります。

また、30代であれば、これからの長い時間を味方につけられることも強みの1つ。

もしかすると、みなさんの中には「いまは貯金がゼロ」という人もいるかもしれません。でも、みなさんはこれから働き盛りを迎える世代です。今後、30年くらいは働き続けるはずですよね。お金を貯める時間は十分にあります。キャリアアップを狙ってみてもいいかもしれませんし、仕事以外でも、結婚しでお金の使い方が変わることもあるでしょう。家の買い方、ローンの組み方などによって、まだまだ将来が大きく変わる可能性を秘めた世代でもあります。

ぜひ、**ターニングポイントとなる30代で賢い選択をして、お金に困らない人生を手に入れていって欲しい**と思っています。

3

いまの高齢者も年金だけでは暮らしていない！昔もいまも、そしてこれからも老後の準備資金は必要

私が30代の人と話していて感じるのは、「自分たちの世代はソンをしている」と思っている人が多いこと。就職氷河期に社会に出た方は、世の中の厳しさを十分に感じていますよね。バブル世代の「昔は良かった」という話には、うんざりしていることでしょう。一度も「景気のいい時代」を経験していなければ、将来に対して明るいイメージが持ちにくいのも当然だと思います。

ただ、みなさんが不満を抱く背景には、ちょっとした誤解もあるようです。あなたは、「自分たちはもらえる年金が少ないから、いまの高齢者のような〝年金暮らし〟は望めない」と思っていないでしょうか？　でも実は、**いまの高齢者も年金だけで暮らせているわけではありません。**

総務省が行っている家計調査によれば、いまの高齢者夫婦の平均手どり収入は、ほとんどが公的年金で金額が年間約240万円。支出が平均で年300万円くらいなので、毎年だいたい60万円ほど貯蓄を取り崩している計算になります。昔もいまも、そしてこれからも、老後の準備としてお金を貯めなくてはならないことに変わりはないのです。

□ いまの高齢者も年金だけで足りているわけではない

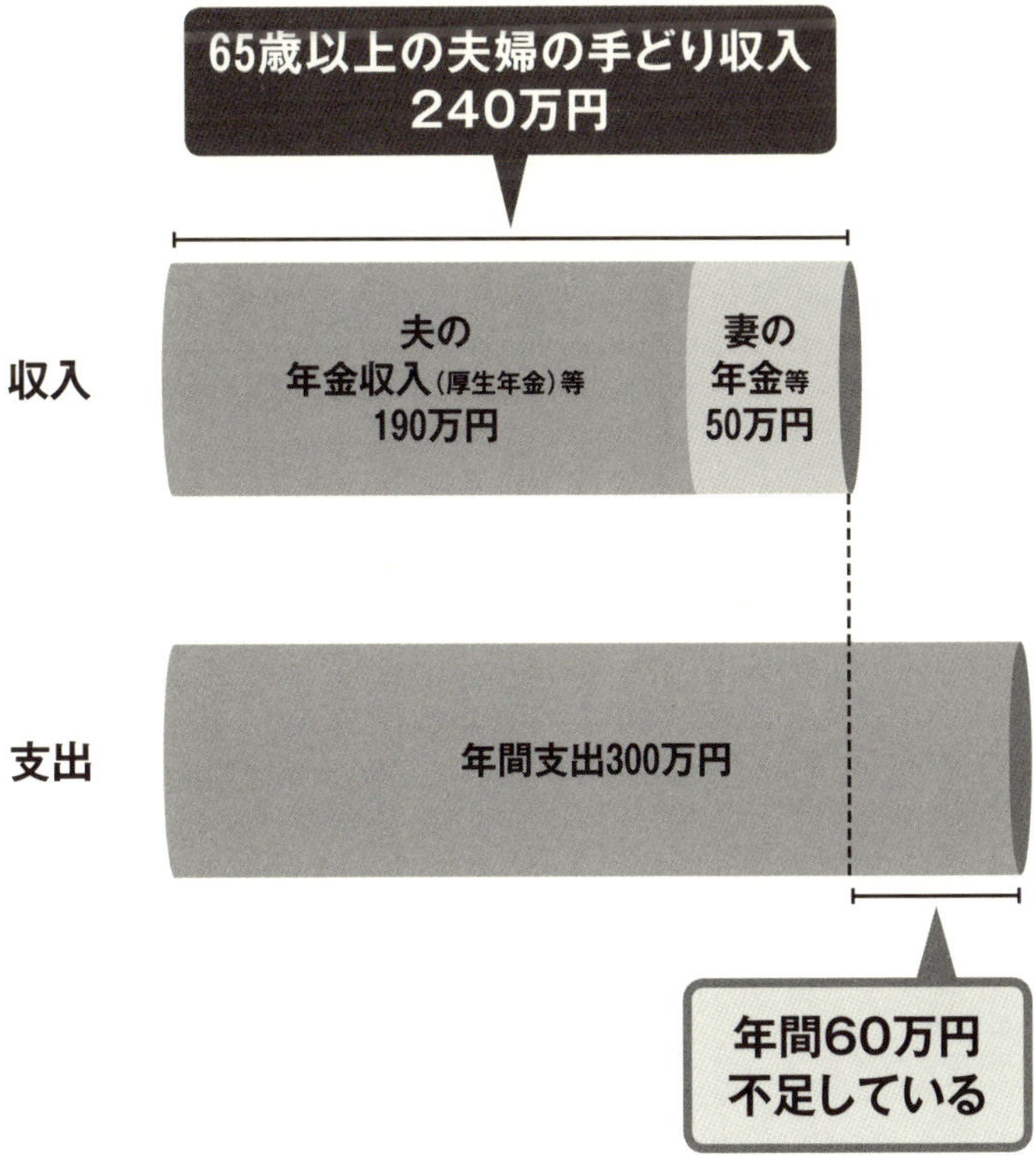

※総務省『家計調査年報』をもとに作成

4

30代の年金は、親世代よりも多くもらえる!? 働く女性は現在の世代の3倍以上もらえる人も！

「いまの若い世代の人は、親世代よりも、年金では有利なんですよ」。こんな話をすると、びっくりする人が少なくありません。あなたも、意外に感じるのではないでしょうか？

どうしてこんなことが言えるのかというと、いまと昔とでは、女性がかかわる年金のしくみに大きな違いがあるからです。いまの高齢者が若かったころは、年金制度がまだ整っておらず、専業主婦の大半は年金に加入していませんでした。年金に未加入の期間があれば、当然、受け取れる年金額は少なくなります。総務省の調査によれば、いまの年金受給世帯が「妻自身の分」として受け取っている年金額は、平均で年間50万円程度です。

この点、**いま30代の人は、基本的に20歳から年金に加入しています。ずっと専業主婦だった人でも、将来、年間80万円くらいは年金をもらえる計算。**そのうえ、妻が正社員で働き続けると、今の高齢者の女性の3～4倍もの年金額となります。女性が社会に出て働くのが当たり前の時代になったことは、年金の面ではかなりのアドバンテージといえます。結婚後もできるだけ夫婦共働きを続け、妻の分の年金を増やせば、老後がぐっとラクになるでしょう。

□ いまの30代は妻の年金額が親世代の3倍!

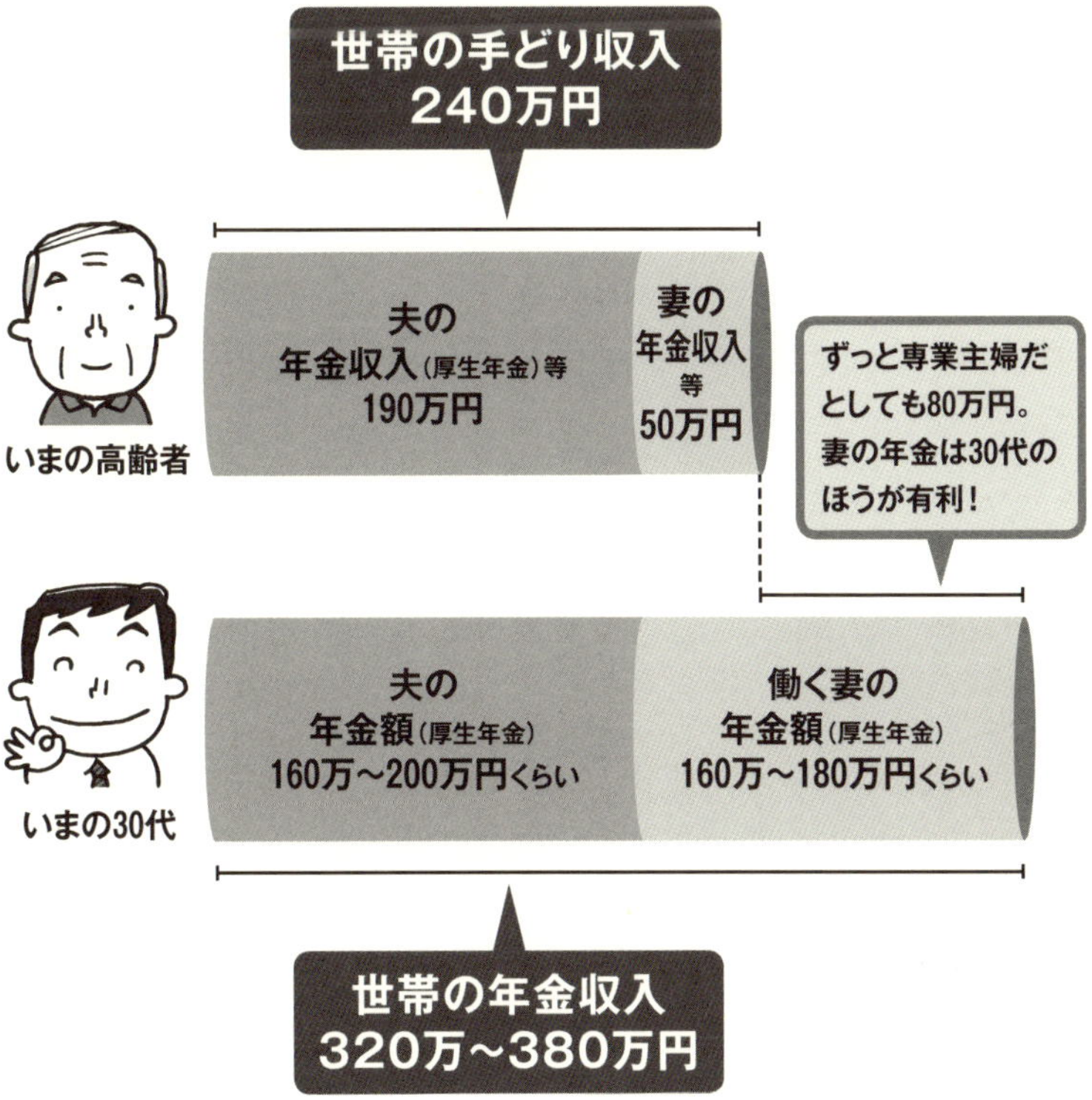

※「いまの高齢者」の年金額は『総務省家計調査年報』を参考とし
「いまの30代」の年金額は著者の試算

5

老後期間の見方を変えてみよう！　いまの30代は、親世代と比べて準備する老後資金は少なくすむ

30代の人には、いまの高齢者よりも「老後期間」が短いというメリットもあります。

かつては60歳になれば年金をもらえましたから、その流れで「60歳で現役を引退する」という生き方が当たり前でした。「60代＝老人」という扱いがふつうだったのです。

でも、読者のみなさんが年金を受け取れるのは65歳から。これは見方を変えれば、「60歳はまだまだ若い」「たとえ第一線を退いたとしても、60歳以降も働き続けるのは当然」と考える世の中になっていく、ということです。「60歳で仕事があるのか」と思うかもしれませんが、日本全体が高齢化していくわけですから、60代の労働力も活用しなければ社会がまわっていかなくなると考えるほうが自然でしょう。

このように「60代前半は働き、〝老後〟は65歳からにする」と考えれば、年金以外の収入がない「老後期間」はそのぶんだけ短くなります。つまり、**若いうちに準備しておくべき老後資金が、いまの高齢者と比べて5年間分も少なくなるのです。**みなさんの世代ならではのメリットを活かし、社会の変化を味方につける姿勢を持ちましょう。

□ いまの30代は5年分、老後資金が少なくてすむ!

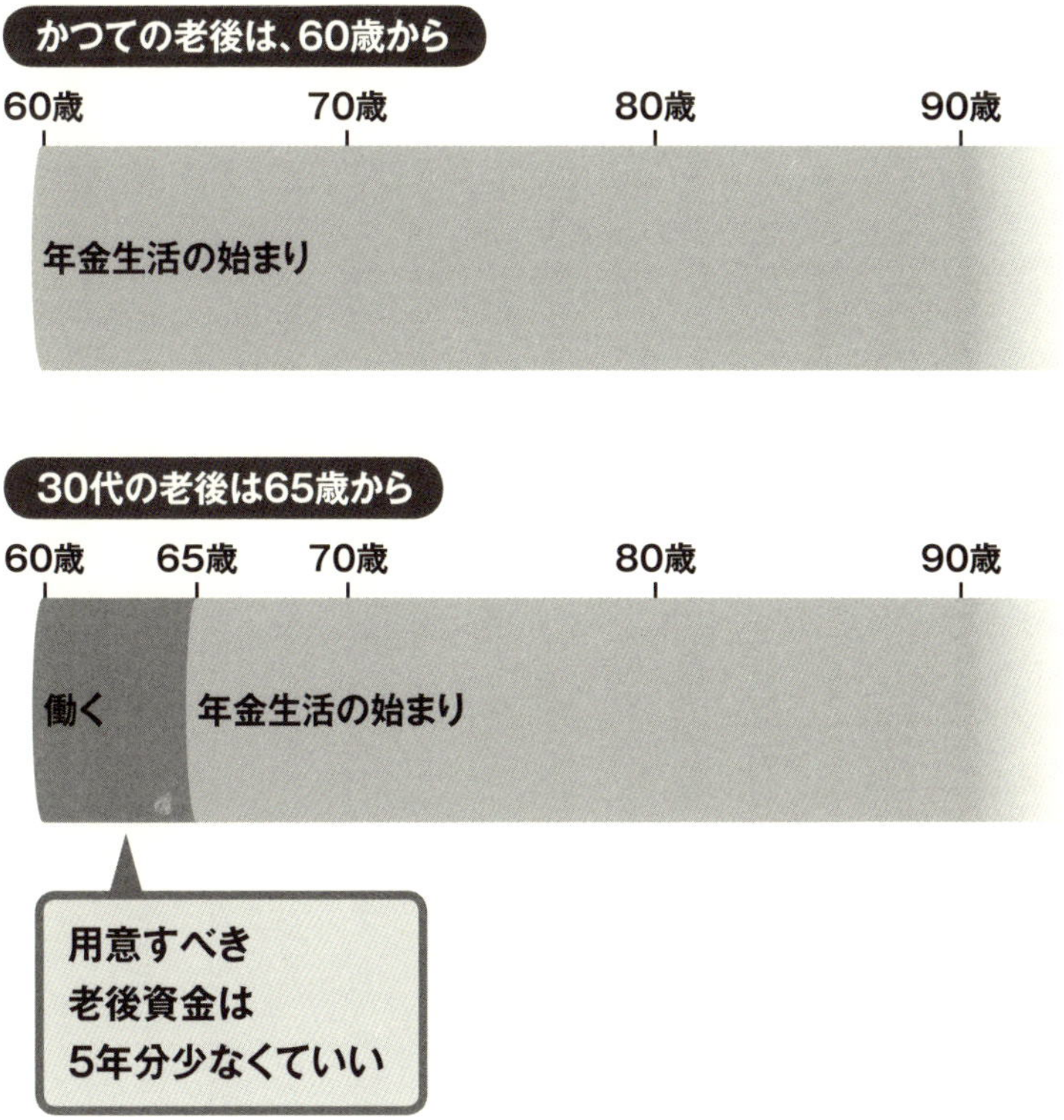
かつての老後は、60歳から
60歳
70歳
80歳
90歳
年金生活の始まり
30代の老後は65歳から
60歳
65歳
70歳
80歳
90歳
働く
年金生活の始まり
用意すべき
老後資金は
5年分少なくていい

6

90歳まで長生きしても60歳時点で「1250万円＋α」あれば大丈夫！

世間では、よく「老後の生活費は1億円かかる」などといわれます。こんな数字を耳にすると、「一体、いくら貯めておかなくてはいけないんだろう」と思ってしまいますが、実際のところはどうなのでしょうか？　将来の生活をちょっとイメージしてみましょう。

60歳以降に働くとしても、収入はダウンするでしょうから、60〜65歳までは「収支トントン」を目指すとします。65歳からは、60歳までに貯めたお金と夫婦の年金で暮らしていくと考えましょう。ある程度、余裕のある生活を送るとして、1年あたりの不足額はだいたい50万円とみます。90歳まで長生きするとしたら、65歳以降の「老後期間」は25年間。このように考えると、**老後資金として最低限用意しておくべきお金は「50万円×25年間＝1250万円」となります。**

いかがでしょう、「思ったよりは少ない額でいいんだな」と安心した方が多いのではないでしょうか？　もっとも、「60歳時点で1250万円」は最低ライン。貯蓄目標を考える際は、家のリフォームや病気に備える分など自分たちなりの特別支出も加味しておきましょう。

□ 共働き夫婦の老後に必要な額を計算すると…

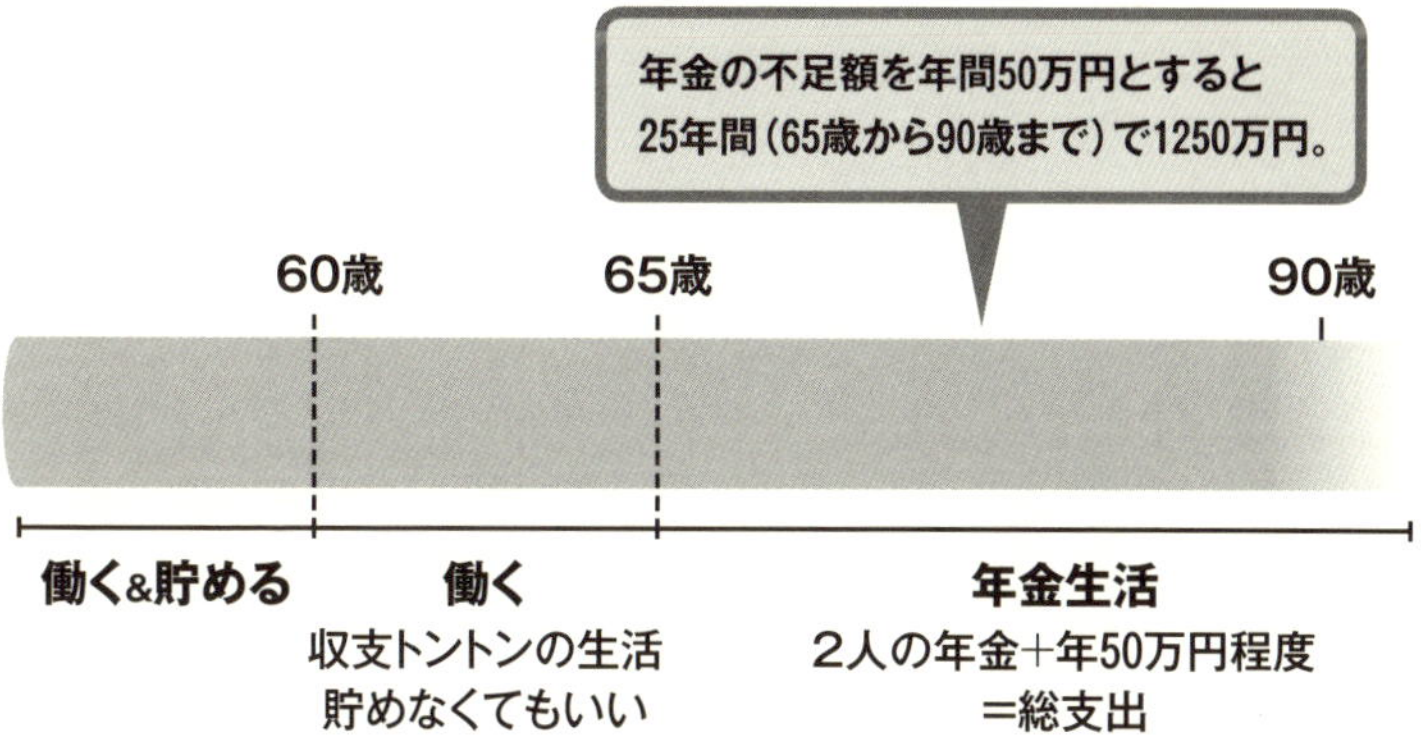

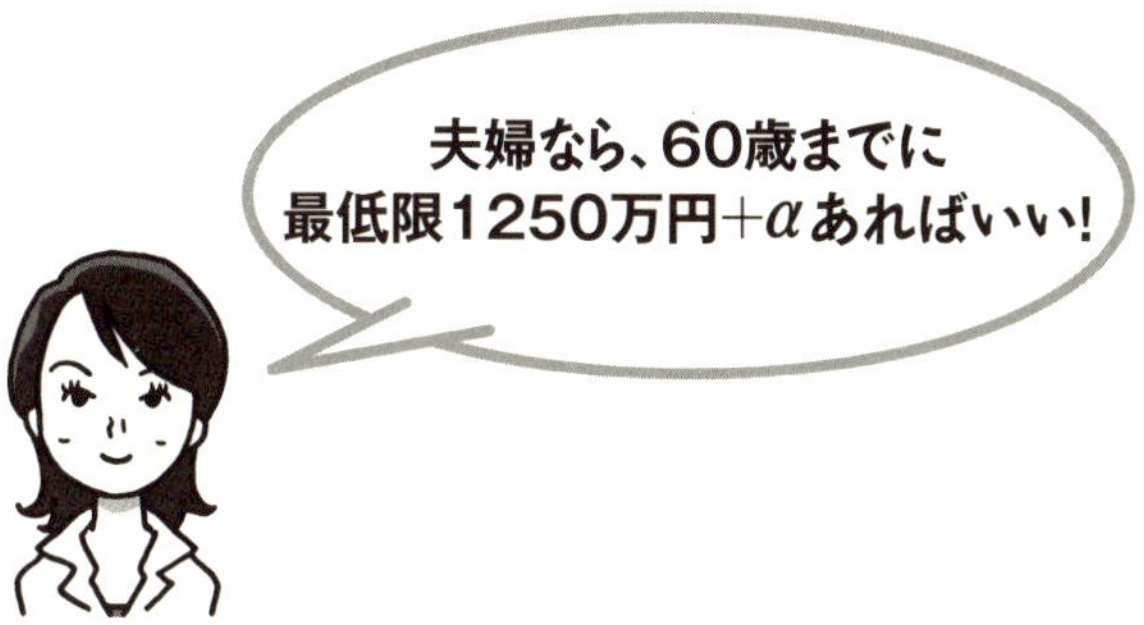

7

シングルの目安は「60歳時点で最低限1500万円＋α」でも、「一生シングル」と決めつけないで！

夫婦の場合1250万円＋αを用意すればよい、というお話をしましたが、ではシングルの場合は、老後までにいくら必要なのでしょうか。

一人で暮らす場合、65歳以降の年金収入は一人分です。単純に計算すれば、仮に年金収入が180万円、月々の出費が25万円くらいと考えると、1年あたりの不足額はだいたい120万円。25年分なら、3000万円の準備が必要……ということになります。

とはいえ、この金額を見て焦る必要はありません。持ち家があって住宅ローンの返済を終わらせていると、住居費が抑えられます。月々の出費を20万円にできれば、1年あたりの不足額は60万円に半減し、老後までに貯めておくべきお金は最低限1500万円＋特別支出額が目安といえるでしょう。貯めるにこしたことはありませんが、過大な不安を持つこともないのです。

また、老後は一人で暮らすことをイメージしているかもしれませんが、いまの時代なら将来的にシングルの人同士でルームシェアをする、もしくは親と同居するなど住居費をかけない暮らし方もいろいろとあるはずです。

もっとも、基本的な大前提として言いたいのが、**今、結婚の予定がない人も「自分は一生シングルだ」と決めつけて人生設計を考えないでください、ということ。**

私のもとには、「結婚しないかもしれない」と言ってマンション購入などの相談に訪れるシングルの人がたくさんいるのですが、数年後に

「結婚が決まり、買ってしまったマンションは2人だと手狭なのですがどうすれば……」

「結婚したら、私名義の住宅ローンはどうしたら……」

などと再び相談をしに来るするケースが少なくありません。

20年前とは違って、今のご時世、30代で結婚する人はたくさんいますし、もちろん40代で素敵な出会いに恵まれて結婚する人もいます。アタマから「ずっとシングル」と決めつけてしまうと、将来結婚したときに、それまでのマネープランが大幅に変わってしまいます。**いまシングルであれば、医療保険以外の保険は原則として不要ですし、住宅もどうしても欲しいなら30代のうちは頭金を貯めて40代になってから購入してください。**

私が30代のみなさんにいちばん勧めたいのは、「一生シングルかも」と思わずに、出会いを求めていろいろな場に出かけて行くこと。いい人との「縁」があれば、結婚だけでなく仕事もうまくいくものです。そういった「縁」は行動しないと手に入らないのですから。

8

〝年金不安〟にいたずらに振り回されない！「10年以上先のことはゆるく考える」スタンスを持とう

ここまで見てきたように、リタイア後に向けて少しずつ準備をしていくには、老後の収支をざっくりとイメージすると目標を立てやすくなります。しかし、65歳以降は年金が収入の柱になるという前提を置くと、「年金はあてにならないのでは？」と思う人もいるかもしれません。

確かに、日本の年金制度は運営にさまざまな問題を抱えています。受け取れる年金が、予想より少なくなることもあるかもしれません。

しかし社会保障制度である以上、「年金が一切もらえなくなる」などということはありえないでしょう。どんなに長生きしても、年金は生きている限りもらい続けられるのですから、老後のライフプランのベースとなるのは、やはり年金収入です。それに、いたずらに〝年金不安〟に振り回されて斜に構えても、会社勤めの方の年金保険料は給与から自動的に徴収されていますから「払わない」という選択肢はありません。こういったことを冷静に考え合わせれば、まずは現時点でのざっくりとした試算をベースにして、ライフプランを立ててみることのほうが大切です。

お金のことは、1～数年先のことまではしっかり計画を立てておくことが必要。でも、制度や自分を取り巻く環境は変化していくものですから、10年以上先の未来のことを細かく考えてもあまり意味はありません。何かあった時にライフプランを見直せるよう、年金制度に関するニュースをしっかりウオッチしつつ、いまできることを少しずつ始めていきましょう。

□ 自分でコントロールできないことで悩まない！

自分で直接コントロールできないこと

- 年金制度や将来の年金額
- 会社員が年金保険料を払わないという選択肢
- 何歳まで生きるか

自分である程度コントロールできること

- 支出の見直し
- 積立金額
- 世帯収入のアップ（共働きをするかどうか）
- 住宅ローンの組み方や生命保険の入り方

ある程度、将来を予測しつつ、
柔軟に対応策を考えることで
不安はぐっと減るはずです！

9

どんな人でも、誰でもお金は必ず貯められる！95％の貯まらない人を救う「貯蓄の先取り」法

「60歳で1250万円＋α」は、何の準備もせずにクリアできる目標ではありません。そこで重要なのが、「積み立てを利用して、必ず毎月一定額を貯蓄すること」です。

なかなかお金を貯められない人にありがちなのが、「余った分だけ貯蓄している」というパターン。でも、〝残ったら貯蓄〟では、支出が増えた時に貯めるペースが落ちてしまいますよね。

私は、個別相談やセミナーなどでたくさんの人に「お金の貯め方」を聞いてきましたが、〝残ったら貯蓄〟でもお金を貯められるという人は、せいぜい5％程度。**95％の人は、上手なしくみをつくらなければお金を貯めることができません。**

この点、積み立てはとても強力です。たとえば、月に3万円ずつ積み立てれば3年間で約100万円にもなります。積み立てなら、お給料が入った時点で先取り貯蓄するシステムをかんたんに作ることができますし、いったんしくみ化してしまえば「今月は貯められなかったな」ということはありません。あとは、残った金額の範囲で生活をやりくりする習慣をつければよいのです。

❑ “残ったら貯蓄”は95%が失敗する!

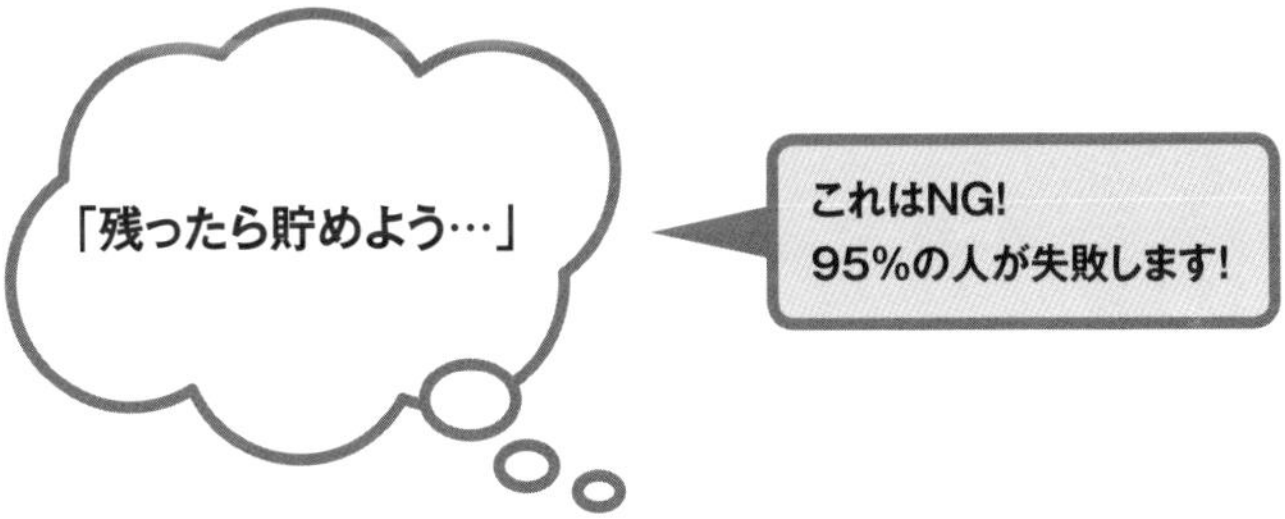

「残ったら貯めよう…」
これはNG!
95%の人が失敗します!

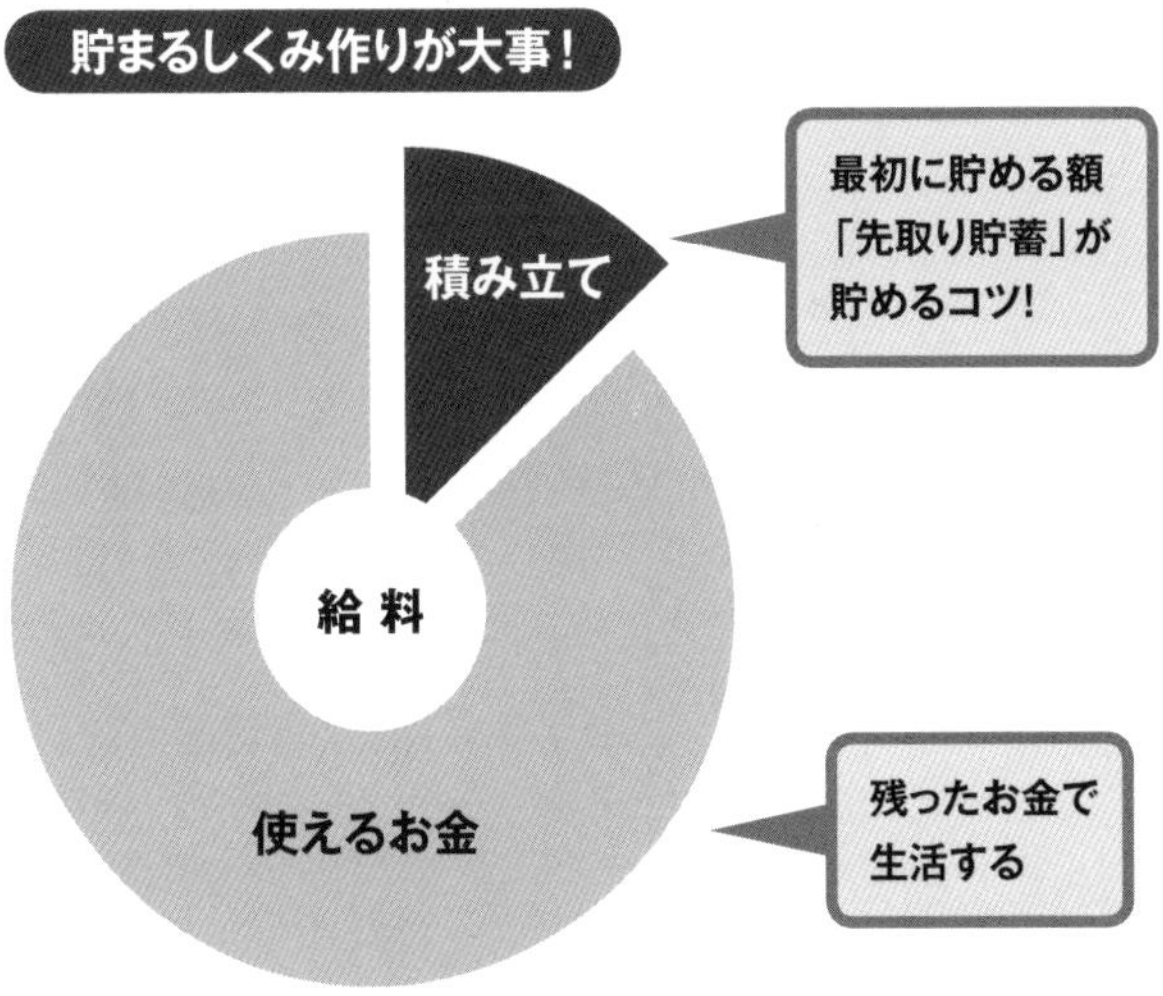

貯まるしくみ作りが大事!
積み立て
最初に貯める額
「先取り貯蓄」が
貯めるコツ!
給料
使えるお金
残ったお金で
生活する

10

新・生活防衛術！　保険と住宅ローンを2200万円節約する方法

ちょっとしたお金の知識がないために、気づかないうちに大金を無駄に使ってしまう人はめずらしくありません。お金をしっかり貯めていくには、こうした無駄をカットするのが効果的。

一番大きいのは、**生命保険**と**住宅ローン**です。たとえば、保険会社で勧められるプランに夫婦で加入し続けていくと、50年間で保険料の支払いは2100万円を超えます。また、住宅ローンは、30歳のときに頭金ゼロで4000万円の35年ローンを組むと、60歳時に残額を返済しても支払う利息は約2000万円にもなります（条件等は左図参照）。

生命保険は、ポイントを押さえて必要な分だけ加入すれば、保険料の支払いを2人分で約1200万円もカットできます。住宅ローンは、頭金を貯めると借入額を少なく、返済期間は短くできます。先の例だと、40歳で25年返済にすると約1000万円も利息を減らせます。**つまり、コツを押さえればかんたんに2200万円ものお金を節約できるのです。**

日々の節約は大変で、その割にカットできる額はごくわずか。**住宅や保険のような「大きな買い物」のコツを知り、ラクに支出を抑えて、貯蓄に回していきましょう。**

□ 保険と住宅ローンで2200万円節約できる!

生命保険の保険料

保険会社のお勧めプランに
夫婦で入ると50年間で
約2100万円も
払うことに!

↓

コツを押さえて入ると…
夫婦2人分で
保険料を約1200万円
減らせる!

住宅ローンの利息

30歳で頭金ゼロ・4000万円借りると
(金利2.5%・35年返済・60歳時に全額完済)
利息を約1500万円も
払うことに!

↓

頭金を貯め40歳で2500万円借りると
(金利3%・25年返済・60歳時に全額完済)
利息を約1000万円
減らせる!

↓

合計2200万円も
節約できる!

11

夫婦2人で働けば、年収700万円の生活が手に入る。さらに年金が増えるメリットも。

結婚している場合、お金を貯めていくうえで強力なアドバンテージとなるのが、「夫婦共働き」。最近は「共働きが当たり前」という意識も広がっているように思いますが、なかには「妻には家にいてほしい」と思っている男性もいるかもしれません。女性側も、「専業主婦になろうかな」という人、あるいは働く意欲があっても「結婚を機にいったん退職して、落ち着いたらまた働こう」というように考える人は少なくないでしょう。

仕事と家庭をどう両立させるかは、人それぞれの価値観がかかわる問題です。ただ、いまの20～30代は、親世代とは経済環境が異なることを十分に考えなくてはなりません。男性1人の収入で家族の生活を支え、さらに十分なお金を貯めるのは、難しいのが現実。**子どもの教育や住宅取得などのライフイベントを乗り越えながらお金を貯め続けていくこと、将来もらえる年金のことを考えれば、「夫婦共働き」は必須と言っていいでしょう。**

夫500万円でも、妻200万円なら2人で700万円になりますし、妻が年収300万になれば、世帯収入は800万円です。できるかぎり、夫婦で働き続けましょう。

共働きのメリットは大きい

妻が働くメリットとは?

- 世帯の収入は、専業主婦世帯の1.5倍から2倍
- 継続的にお金を貯められる
- 使えるお金が増える
- どちらかの収入がダウンしても、一方の収入でカバーできる
- 将来の世帯年金額を増やせる

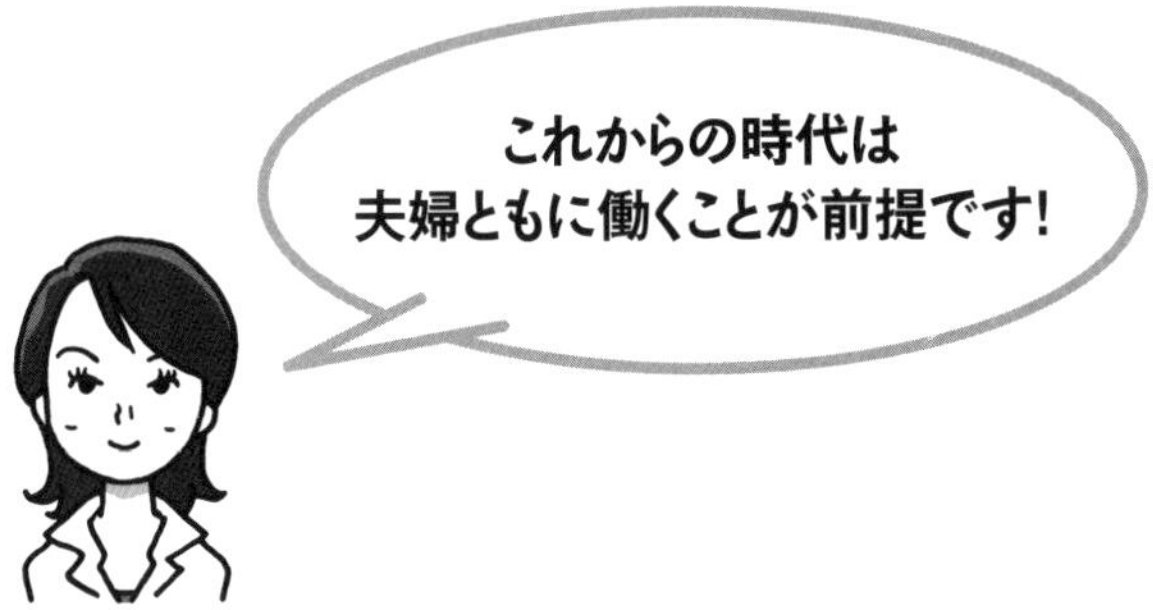
これからの時代は
夫婦ともに働くことが前提です!

12

たった3つ！　将来、後悔しないために、30代のうちに身につけたい「お金」の習慣

いままで見てきた通り、**お金が貯まる習慣は「積み立てでお金を貯める」「保険と住宅ローンでムダなお金を使わない」「ずっと働き続ける」の3つ**だけです。とてもシンプルですから誰にでも実践できますし、あなたも「お金の心配をしなくていい、本当のお金持ち」になれます。ただし、注意が必要なのは、「この3つの習慣はすべて守らなくてはいけない」ということ。

積み立てでお金を貯めていると、「先取りで貯蓄し、残った分で生活する」という習慣が身につきます。この「お金を上手に使える」という習慣がなければ、「老後資金は60歳時点で1250万円＋αあれば大丈夫」とは言えません。また、住宅ローンは、少し借り方を間違えば老後にまで借金を引きずることになり、せっかく貯まったお金を目減りさせます。無駄な保険に入っていると、貯蓄の足を引っ張るだけでなく、老後の支出もかさむのです。そして、途中で働くのをやめれば、その分の収入だけでなく、将来の年金も減ってしまいます。

3つの習慣は「三位一体」。現在も将来もお金の心配をしなくていい生活をするために、しっかり身につけていきましょう。

「お金持ち」になる3つの習慣

習慣❶
積み立てで
お金を貯める

習慣❷
保険と
住宅ローンで
ムダなお金を
使わない

習慣❸
ずっと
働き続ける

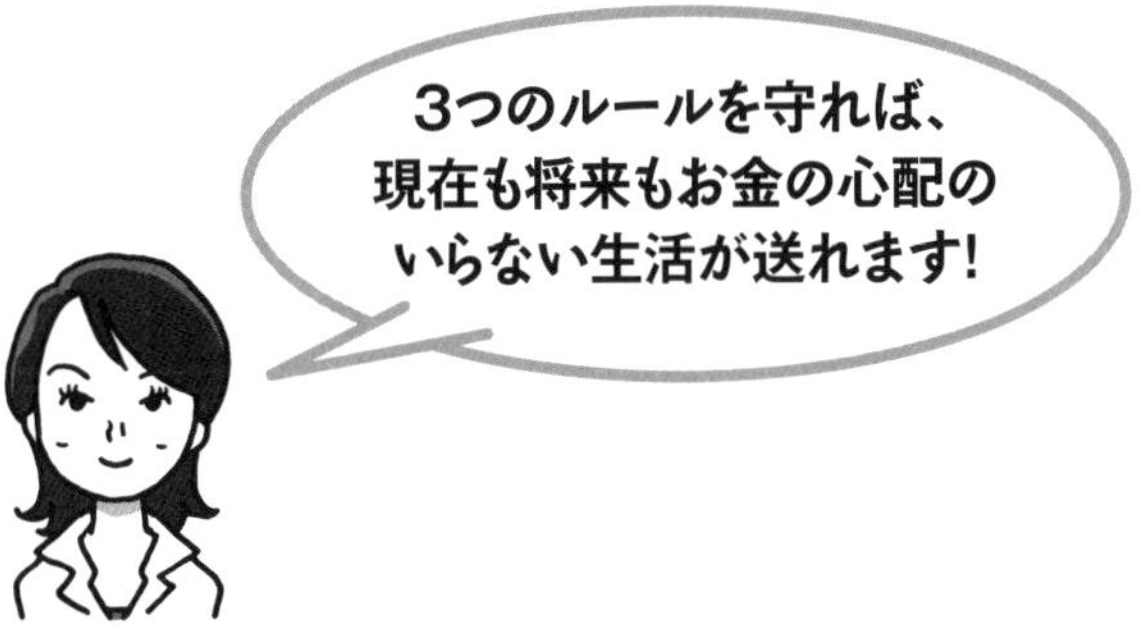
3つのルールを守れば、現在も将来もお金の心配のいらない生活が送れます!

数字のトリックにだまされるな！「老後に1億円」説のカラクリ

みなさんは、「老後にかかるお金は1億円」という言葉を聞いたことがありますか？　この言葉を受けて金融機関では、「60歳までに1億円用意しましょう」と金融商品を勧められることが少なくありません。

この「60歳1億円」説は、一体、どこから出てきたのでしょう。

一般に、「老後に1億円」の根拠とされているのは、生命保険文化センターの調査です。「ゆとりある老後生活を送るための費用」は1カ月あたり約38万円で、60〜80歳の20年間分が「38万円×12カ月×20年」＝約1億円、となるわけです。

こんな数字を見せられれば、「1億円も貯めなくてはいけないのか」「1億円用意できずに、みじめな老後を送ることになったらどうしよう」などと不安を煽られてしまいますよね。

でも、この話には、実はトリックが隠されています。

すでにお気づきかもしれませんが、「1億円」は、支出だけを取り上げた数字。老後には公的年金という収入がありますから、「1億円の用意が必要」という話にはならないのです。

もっと言えば、この調査結果、じっくり見てみると、どうも実態とかけ離れているように思えます。

調査の設問は、まず「夫婦2人で老後生活を送る上で必要と考える最低日常生活費」を聞き、さらに「ゆとりある老後生活を送るための費用として、最低日常生活費以外に必要と考える金額」を尋ねて上乗せしています。つまり、38万円という数字は、「実際に老後にかかるお金」を示したものではありません。

しかも、調査対象者は「18～69歳の男女」。老後生活の実感などまったくない人が、

「これくらいあったらいいなぁ」と想像力を働かせて希望額を答えれば、数字は高めに出るはずです。

こうしてみると、「1億円かかる」という話に躍らされる必要はないことがよくわかりますね。

金融機関は「1億円」という数字を持ち出し、不安を煽って商品を売ろうとするもの。実際、こうしたセールストークを真に受け、退職金などのまとまったお金を不要な金融商品につぎこんでしまう人は後を絶ちません。

ここでしっかり確認しておきましょう。老後に備えて、お金を貯めなくてはならないことは確か。でも、1億円も貯める必要はありません。

不安につけ込むセールストークを聞いたら、「何か裏があるのではないか」と疑ってみるクセをつけたいものです。

第2章

どんな人でもこうすればお金が貯まる！「貯める」しくみの作り方

13

お金が貯まれば「会社の奴隷」にならなくていい！まずは半年分の生活費を貯めよう

セミナーで30代の方にお話をした時のことです。セミナーが終わった後の懇親会で、受講者から「結婚する予定はないし、お金を貯める目的がないんです。そのせいか、つい無駄遣いをしてしまいがち。お金がなかなか貯まりません」と相談を受けました。

世の中では、よく「お金は目的を持って貯めよう」といわれます。これは別に間違った考えではないのですが、「目的がなければ貯めなくていい」わけではないことに注意が必要。**「お金は、たとえ明確な目的がなくても貯めなくてはならない」のです。**

ちょっと考えてみてください。あなたの収入が、失業や病気によって大きくダウンすることだってあるかもしれませんよね。いざという時のために、やはり貯蓄は必要でしょう。それに、貯蓄がないと「会社の奴隷」になってしまいます。もし会社で耐え難いことがあったとき、「辞める」という選択ができるのは、「いま辞めても大丈夫」というお金の裏付けがあってこそ。目先の生活にも困るようでは、辞めたい時にスパッと辞めることもできません。

いま「貯蓄がほとんどない」という人は、まず「脱・会社の奴隷」を目指すことをモチベーションにしてお金を貯めていきましょう。最低限、半年分の生活費は用意しておきたいところ。それだけの余裕が持てれば、人生の選択肢ががらりと変わって見えてくるはずです。

□ 半年分の生活費を貯蓄する理由

貯蓄がまったくないと…

↓

会社の奴隷になってしまう

- 理不尽なことがあっても辞められない
- 転職したくても数カ月分の生活費がないと、転職できない

↓

「脱・会社の奴隷！」を目指す

- 半年分の生活費を貯めることから始めよう

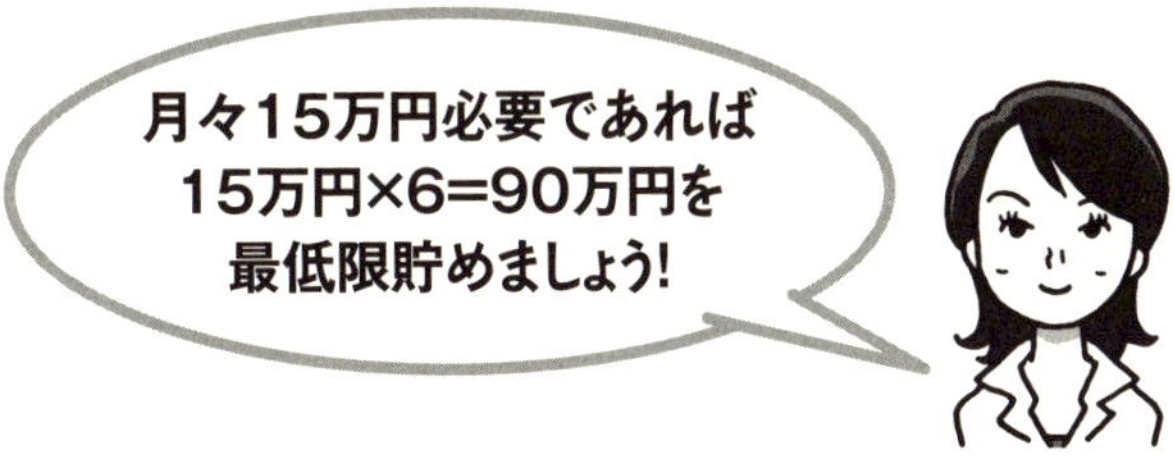
月々15万円必要であれば
15万円×6=90万円を
最低限貯めましょう!

14

あなたの〝貯める力〟がすぐわかる！年間貯蓄額がすぐにわかる人、わからない人

上手にお金を貯める方法をお話しする前に、1つ、あなたに質問があります。

「あなたは、1年間にいくらお金を貯めていますか？」

この質問をすると、その人に〝貯める力〟があるかどうかがすぐわかります。〝貯める力〟が弱い人は、この質問にパッと答えることができないからです。

積み立てで上手にお金を貯めていれば、1年あたりの貯蓄ペースはすぐわかります。ところが、貯蓄に計画性がなく、「貯められるときだけ貯めている」という人は、「いまどれくらい貯まっているか」くらいはわかっていても、自分がどれくらいのペースで貯蓄しているかを把握できていないのです。

貯めるつもりはあるのに貯められない人は、自分の「貯め方」を振り返ってみてください。「余裕のある月に、残った分を貯めよう」としていませんか？「せっかくお金が残ったのに、生活費を管理している口座に入れっぱなしにしていたら、結局、使ってしまった」という経験はないでしょうか。このような貯め方をしていると、「貯められたはずのお金すら貯まらない」とい

うことになってしまいがちです。

〝貯める力〟をつけるには、まず積み立てをし、一定のペースを維持して「貯め続ける」ことが大切。こうすれば「貯められない人」も「貯められる人」になることができます。

□ 1年間にいくら貯めていますか?

わかる
わからない…
「貯める力」が
ある人です
「貯める力」が弱い。
「残ったら貯金」を
していませんか?

15

貯めるしくみ化の基本は積み立て！まずは給与天引きできるかを確認しよう

積み立て貯蓄をする際は、会社の制度を活用するのがベストです。

あなたの勤務先には、「社内預金」や「財形貯蓄」という制度がありませんか？ わからない人は、会社の福利厚生ハンドブックやイントラネットで確認するか、人事担当者に尋ねるかして調べてみてください。古くからある会社や、規模の大きな会社はこうした制度を持っているところが少なくありません。

社内預金や財形貯蓄の最大のメリットは、給与天引きでお金を貯められること。積み立ての手段としては、最も確実といえます。毎月の積立額を変えたり、ボーナス時だけ貯蓄額を増やしたりするのも簡単です。また、会社の制度を利用してお金を貯めると、奨励金が出る企業もあります。社内預金は、近年では制度を持っている会社そのものが少なくなっていますが、一般に銀行預金よりも金利が優遇されるのもポイント。ちなみに、財形貯蓄には「一般財形」「財形住宅」「財形年金」の3種類がありますが、「財形年金」のメリットを生かすのは60歳以降とずいぶん先のことなので、30代の人は「一般」か「住宅」を選ぶと覚えておいてください。

□ 会社の制度なら、給与天引きができるから便利!

財形貯蓄

年間5000円～1万円程度の
「財形奨励金」が出る
会社もあるので、要チェック!
30代なら「一般財形」か
「財形住宅」のいずれかで。

社内預金

社内預金を扱っている
会社は少ないが、
金利が高いケースが
多いので要チェック。

福利厚生ハンドブックや
社内イントラで確認しよう

16

給与天引きができないなら、給与口座からの自動積み立てでしくみ化をする!

会社に社内預金や財形貯蓄の制度がない場合は、自動で積み立てできる定期預金を作成しましょう。ポイントは、「給与振り込み口座のある銀行を利用すること」と、「定期預金に振り替えるタイミングを、給料日と同じ日か、給料日の翌日に設定すること」です。こうすれば、**「給料から貯める分を差し引き、残った分で生活する」しくみをつくることができます。**

自動積立定期預金の口座は、大手の銀行であればネットバンキングやテレフォンバンキングでもつくれますし、ATMで自動積立定期預金の口座開設手続きができる銀行もあります。メールオーダー（郵送用の申込書）を準備しているところも多いので、「忙しくてなかなか銀行の窓口に行けない」という人でも大丈夫。

ただし、自動積立定期預金は、その気になれば簡単に一部を解約できることに注意が必要です。「貯めては使い、使っては貯め」を繰り返していると、結局、お金は貯まりません。積み立てでお金を貯め始めたら、そのお金は「将来に備えて貯める、絶対に手をつけてはいけない分」と決めましょう。

□ 銀行で自然に貯まるしくみをつくる

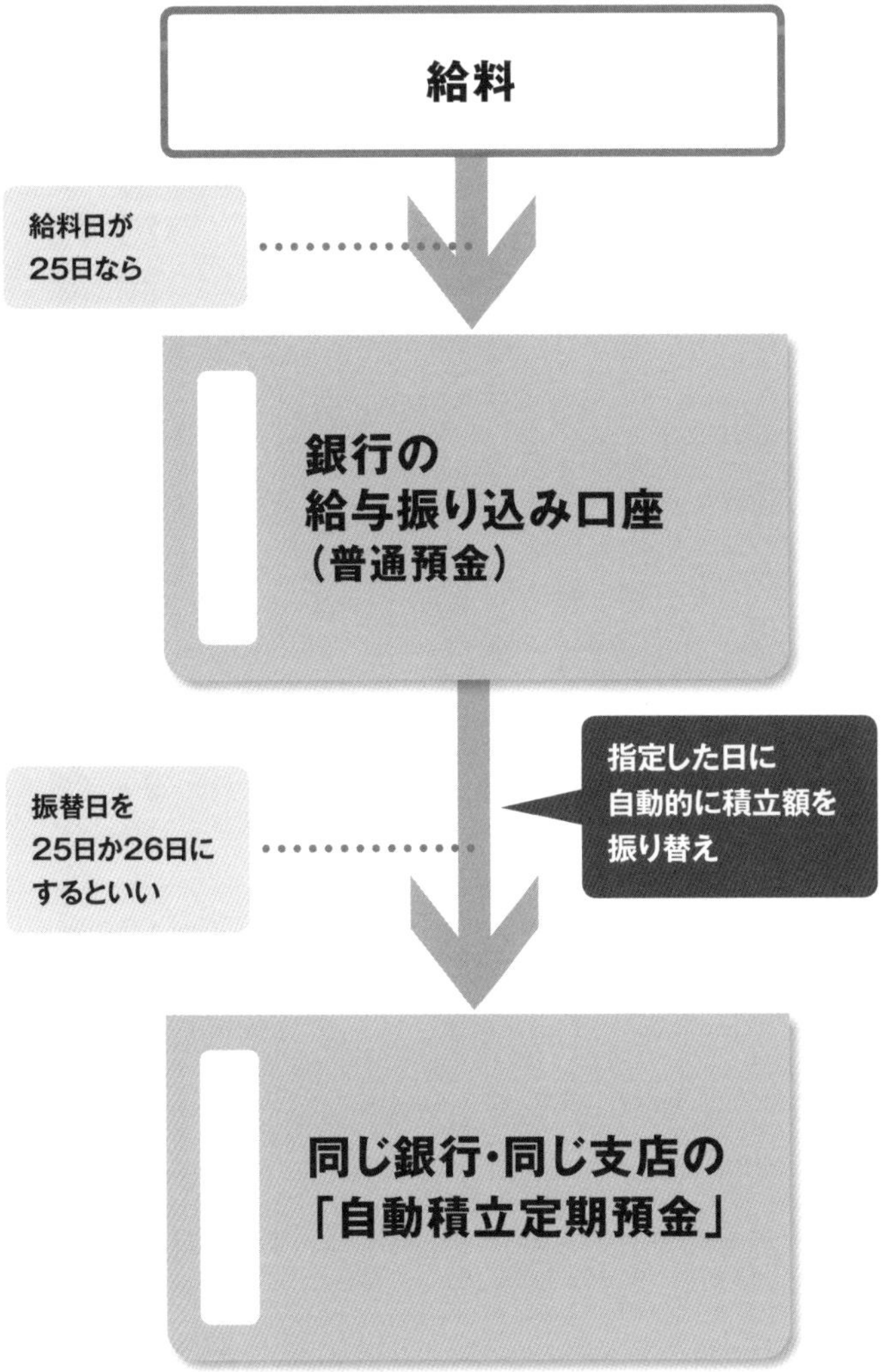
給料
給料日が
25日なら
銀行の
給与振り込み口座
（普通預金）
振替日を
25日か26日に
するといい
指定した日に
自動的に積立額を
振り替え
同じ銀行・同じ支店の
「自動積立定期預金」

17

口座は3つ用意して「貯める」しくみを作る！「日常で使う口座」「年間で使う口座」「貯める口座」で使い分け

きちんとお金が貯まるしくみをつくるには、社内預金や財形貯蓄、銀行の自動積立定期預金のほかに、もう一つ〝サブ口座〟を持ちましょう。

みなさんは、「給与振り込み口座にボーナスが振り込まれて、そのままにしていたらいつのまにか使い切ってしまった」「積み立てていた定期預金を、海外旅行に行くために解約してしまった」といった経験はありませんか？

お金は、「日常生活で使う分」「1年以内に使う予定のある一時的な貯蓄」「先々の備えとして手をつけずに貯めておく分」の3つに分けて考え、別々に管理しておかなくてはなりません。これをごちゃまぜにしてしまうと、「手をつけてはいけないお金」と「使っていいお金」の区別があいまいになるからです。「結婚式のお祝いだから仕方がない」などと理由をつけ、手をつけてはいけない貯蓄を使ってしまっては、まとまったお金はなかなか貯まりません。

そこで、「1年以内に使う予定のあるお金」を管理するためにつくるのが〝サブ口座〟。たとえばボーナスが出てメイン口座にお金が入った時は、まず「貯める分」を積立定期預金口座に移し、

「1年以内の旅行や大きな買い物に使う一時的な貯蓄」は〝サブ口座〟に入れるようにするのです。このように**3つの口座を使い分け、「❶生活費」「❷一時的な貯蓄」「❸長期的な貯蓄」を明確にできれば、お金を貯める体制は万全といえます。**

3つの口座を使って「貯める&使う」

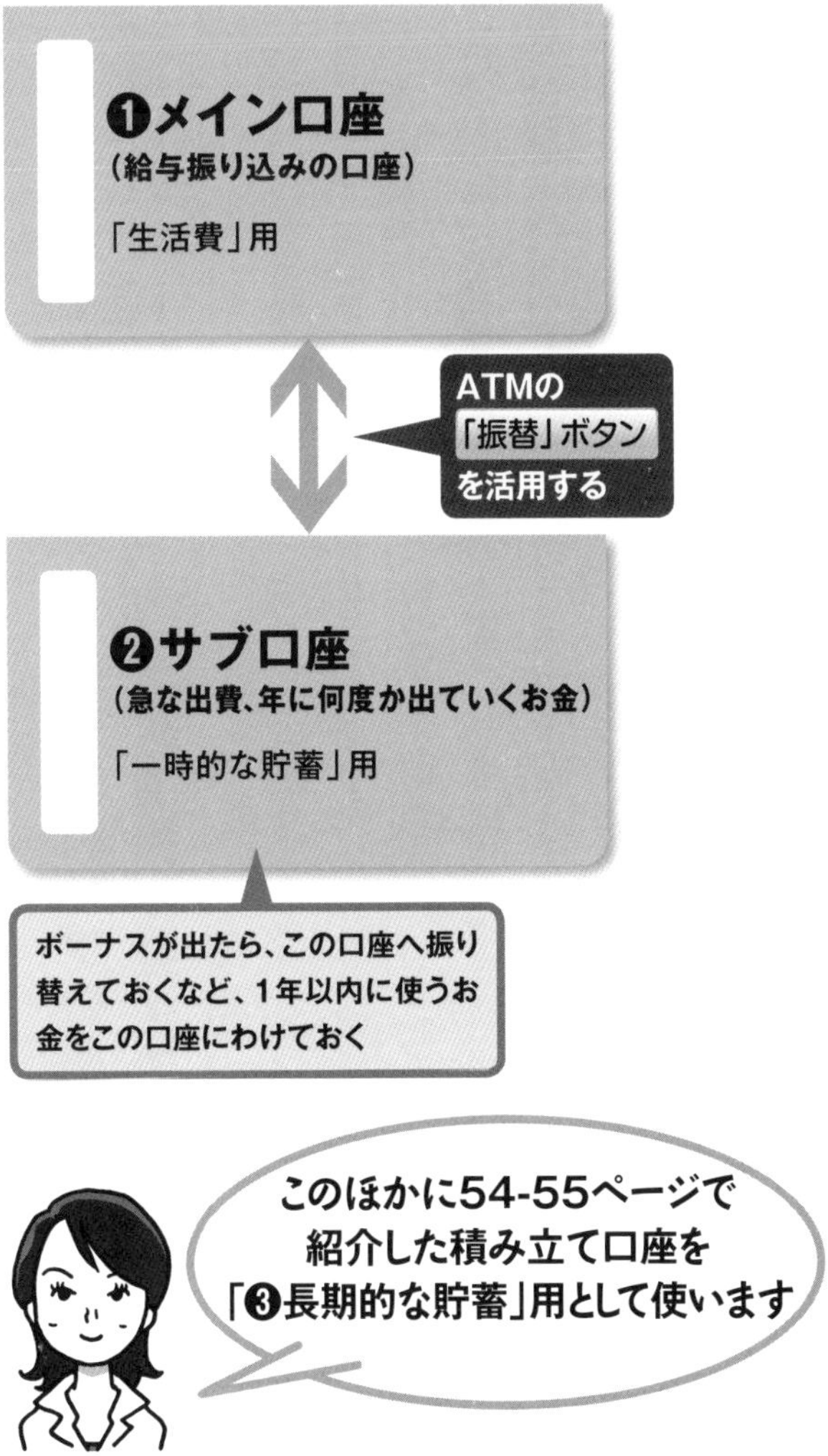
❶メイン口座
(給与振り込みの口座)
「生活費」用
ATMの「振替」ボタンを活用する
❷サブ口座
(急な出費、年に何度か出ていくお金)
「一時的な貯蓄」用
ボーナスが出たら、この口座へ振り替えておくなど、1年以内に使うお金をこの口座にわけておく
このほかに54-55ページで紹介した積み立て口座を「❸長期的な貯蓄」用として使います

18

日常で使うメイン口座と、同じ銀行の同支店で作ると、年間出費のサブ口座はタダで振り替えできて便利！

一時的な貯蓄の〝サブ口座〟を持つ際は、給与が振り込まれるメイン口座がある銀行で、同じ名義の口座をつくるのがポイントです。具体的には、2つめの「普通預金口座」をつくるか、「貯蓄預金口座」を開設します。**これは、「同一銀行・同一名義」の口座であれば、ネットバンキングやATMで「振替」が利用できるからです。**振替なら、原則として手数料無料で、現金を引き出さずに口座間で簡単に資金を移動することができます。

ただし、〝サブ口座〟をつくるときは、事前に知っておきたいことがあります。それは、銀行によっては「2つめの普通預金口座はつくれません」と断られるケースがあること。振り込め詐欺の横行もあり、銀行としては「口座の売買を未然に防ぎたい」という考えがあるようです。貯蓄預金口座ならスムーズにつくれるのですが、貯蓄預金を取り扱っていない銀行もあります。

では、銀行の窓口で「普通預金口座は1人1口座まで」と言われたら、どうすればいいのでしょうか？

まず、2つめの普通預金口座をつくることそのものは、本来であればまったく問題ないのだと

貯まる仕組みは「サブ口座」を利用する!

サブ口座
給与振り込み口座と
同じ銀行でつくる

（銀行で）
「普通預金口座はお1人さまお1つまで」と言われたら…

- 「家計管理に必要」「この支店は会社の経費精算口座に指定されている」などと理由をキチンと説明すればOKのはず。
- 銀行は自宅や勤務先から離れた支店だと不審に思うらしい
- 複数口座開設は法律でダメと決められているわけではない。（振り込め詐欺が増えているから、銀行は慎重になる）

いうことを知っておきましょう。「つくれないというルールがある」わけではなく「銀行がリスクを避けるために、できる限りつくらせないようにしている」だけなのです。私が大手の銀行に確認したところ、「本人確認ができて、銀行が納得できる正当な理由があればＯＫ」とのこと。

ですから、２つめの口座が必要な理由を聞かれた場合は、「家計管理のために必要です」と堂々と伝えましょう。また、私の知人には「会社から経費精算口座をこの支店でつくるように指示されています」と言って口座を開設した人もいます。場合によっては、こんなふうに機転を利かせるのもひとつの方法です。

19

思い立ったら1日でも早く始めよう！早く始めるだけ積み立て額が増える！

以前、セミナーの終わりに質問を受け付けたところ、「お金は少しでも有利なところに預けたほうがいいですよね。積み立てをするならどの銀行がいいですか？」と聞かれたことがあります。どこに預けようかと迷っているうちに1年も経ってしまったのだといいます。

真剣に物事を考えることは大切ですが、積み立てに関していえば、一番大切なのは「できるだけ早く始めること」。当たり前の話ですが、同じ積立額なら、早く始めるほど多く貯めることができます。もちろん、銀行によって大きく金利が違うのであれば迷う意味がありますが、超低金利が続いている昨今、わずかな金利の差にこだわって銀行を選ぶ必要はありません。

銀行選びに迷う以外にも、「忙しくてつい先送りにしてしまった」などの理由で、いつまでたっても積み立てを始めない人は少なくありません。**お金を貯めると決意したならまずは「始める」ことが肝心なのです。**いますぐ手帳を取り出し、積み立てを始める日を決めて、「積み立て口座を開設する」などと予定を書き込んでください。いくら知識をつけても、実践しなければ意味がありませんね。必ず、行動に移しましょう。

□ お金が貯まるのはどちら？

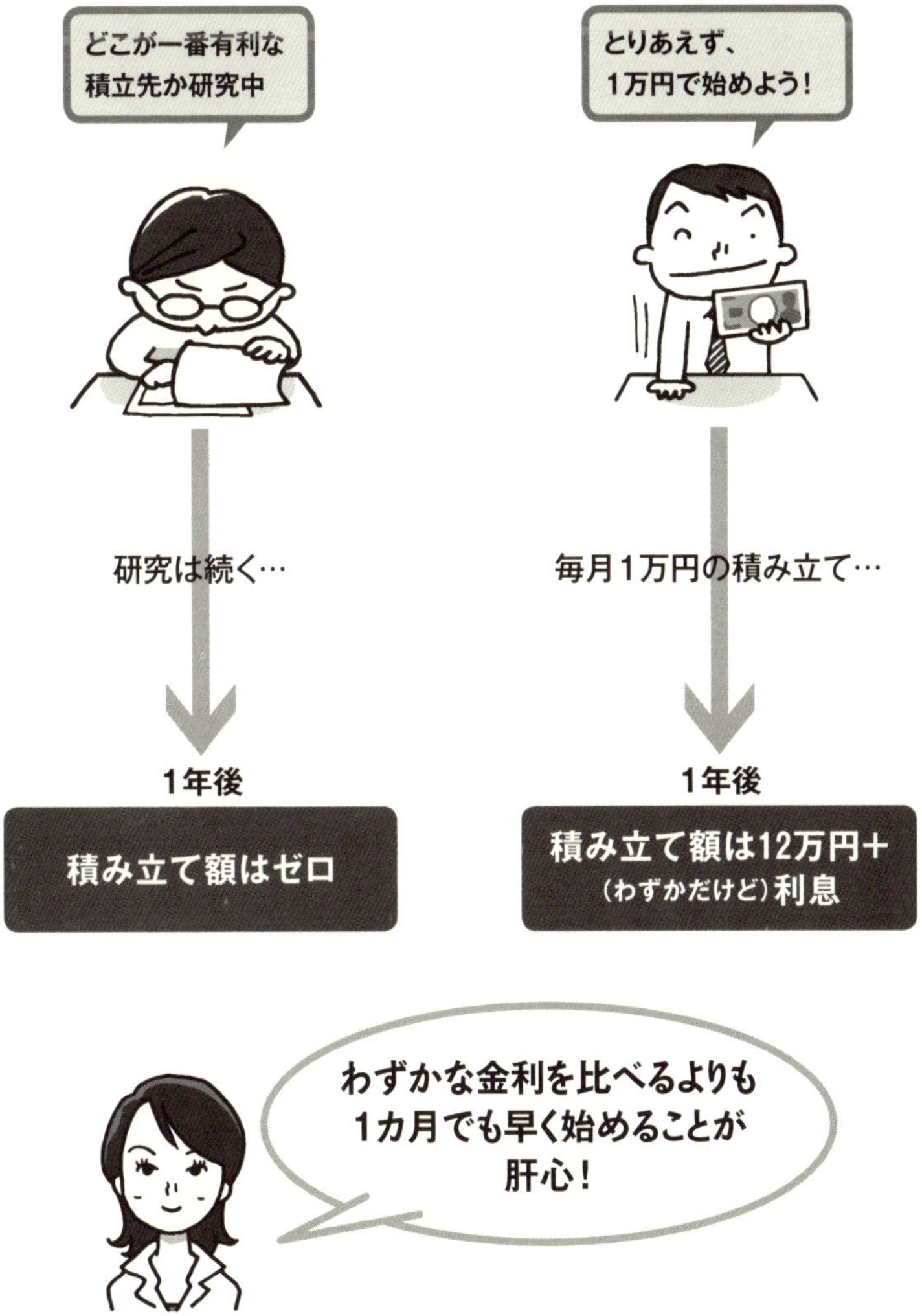
どこが一番有利な
積立先か研究中
とりあえず、
1万円で始めよう！
研究は続く…
毎月1万円の積み立て…
1年後
積み立て額はゼロ
1年後
積み立て額は12万円＋
（わずかだけど）利息
わずかな金利を比べるよりも
1カ月でも早く始めることが
肝心！

20

積み立て額に悩んだら……まずは1万円から始めて、後から変更する！

積み立て貯蓄を勧めると、「いくらから始めればよいか」と悩む人も少なくありません。これは、お金を定期的に貯めた経験がないため、「どれくらいなら無理なく続けられるか」がわからないことが原因のようです。

しかし、ここで立ち止まるのは本末転倒。というのも、実際に積み立てを始めなければ、無理なく続けられるかどうかはわかりにくいものだからです。頭でっかちにならず、まずは始めてみることが大切。自分では決めにくいのであれば、毎月1万円から始めてください。「1万円では、続けられる自信がない」という人は、月5000円でもかまいません。とりあえず、それで生活できるかどうか、様子を見てみましょう。

積み立て額は、「どうしても生活費が足りなくなってしまう」「思ったよりも余裕があるから、もう少し貯められそうだな」などと実感が持てたところで、あらためて見直せばよいのです。社内預金や財形貯蓄、銀行の積み立て定期預金などは、いつでも積み立て額を変更することができます。**まずはしくみをつくることを優先し、最初から難しく考えすぎないようにしましょう。**

□ 適正な積み立て額のみつけ方

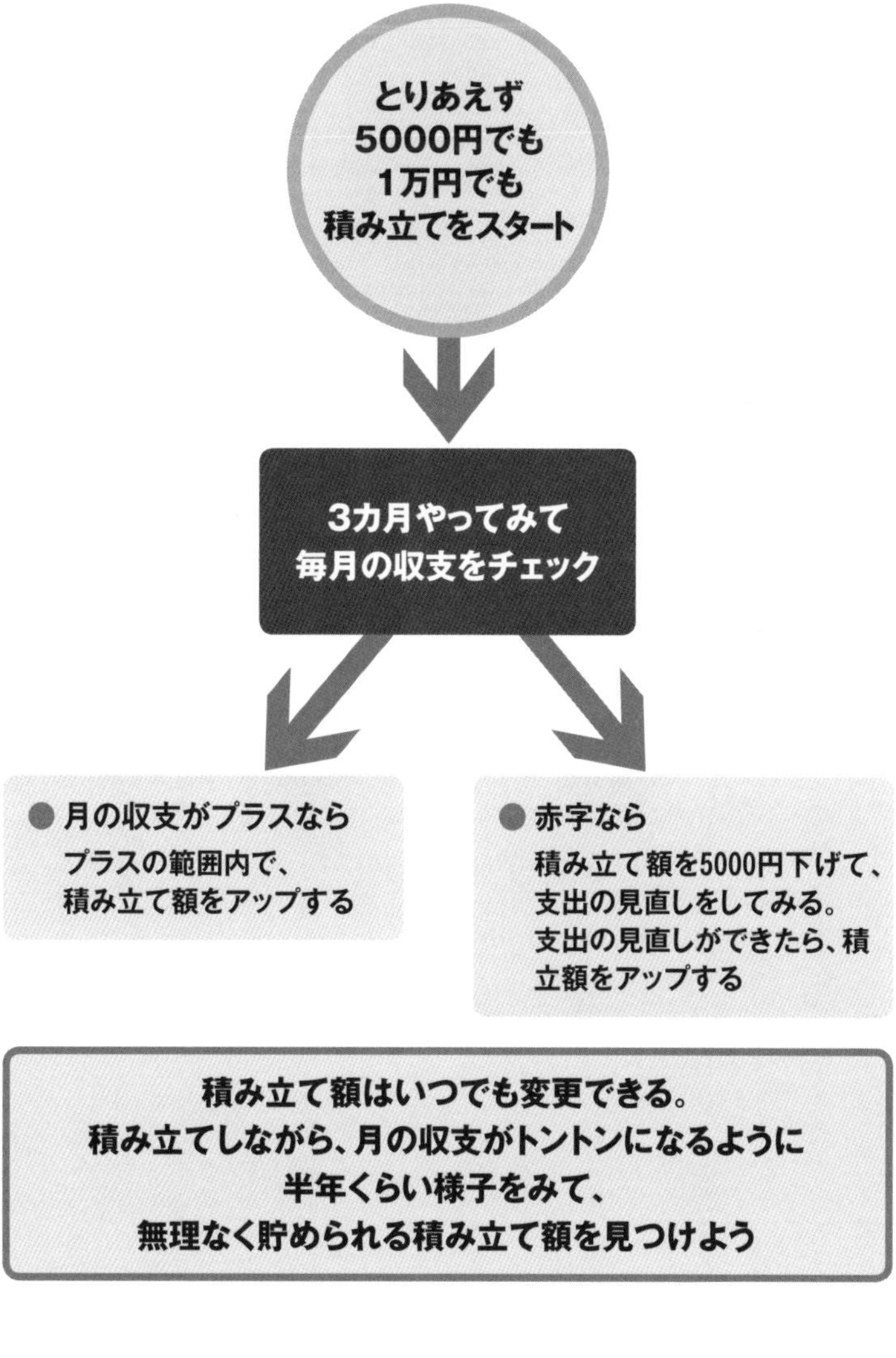
とりあえず
5000円でも
1万円でも
積み立てをスタート
3カ月やってみて
毎月の収支をチェック
● 月の収支がプラスなら
プラスの範囲内で、
積み立て額をアップする
● 赤字なら
積み立て額を5000円下げて、
支出の見直しをしてみる。
支出の見直しができたら、積
立額をアップする
積み立て額はいつでも変更できる。
積み立てしながら、月の収支がトントンになるように
半年くらい様子をみて、
無理なく貯められる積み立て額を見つけよう

21

最初は100万円を目標に！貯蓄のペースを確認してシミュレーションする

積み立てに慣れたら、次は「いまの貯蓄ペースだと、いつまでにいくら貯められるか」を考えてみましょう。**これまでまとまったお金を貯めたことがない人は、「100万円」を目標に置いて考えてみるのがお勧めです。**

たとえば、ちょっと頑張って毎月5万円ずつ積み立てすると、年間で60万円になります。ボーナスが年2回出るなら、それぞれ20万円ずつ貯蓄に回せば1年間で100万円貯めることができる計算です。

「それはちょっと厳しいな」と思ったら、「毎月2万5000円、ボーナスのたびに10万円」と考えてみましょう。この場合は、年50万円。2年あれば、100万円貯まりますね。

では、「毎月1万円、ボーナスのたびに5万円」だと？　計算してみると、100万円貯まるのに、4年半もかかってしまうことがわかります。

こうして「1カ月あたり○万円、ボーナスで○万円」というように金額をブレイクダウンし、「いつまでにいくら貯まるか」を確認すると、「もう少し積み立て額を増やしたい」などと、自分

□ 100万円到達への道！　達成はいつ？

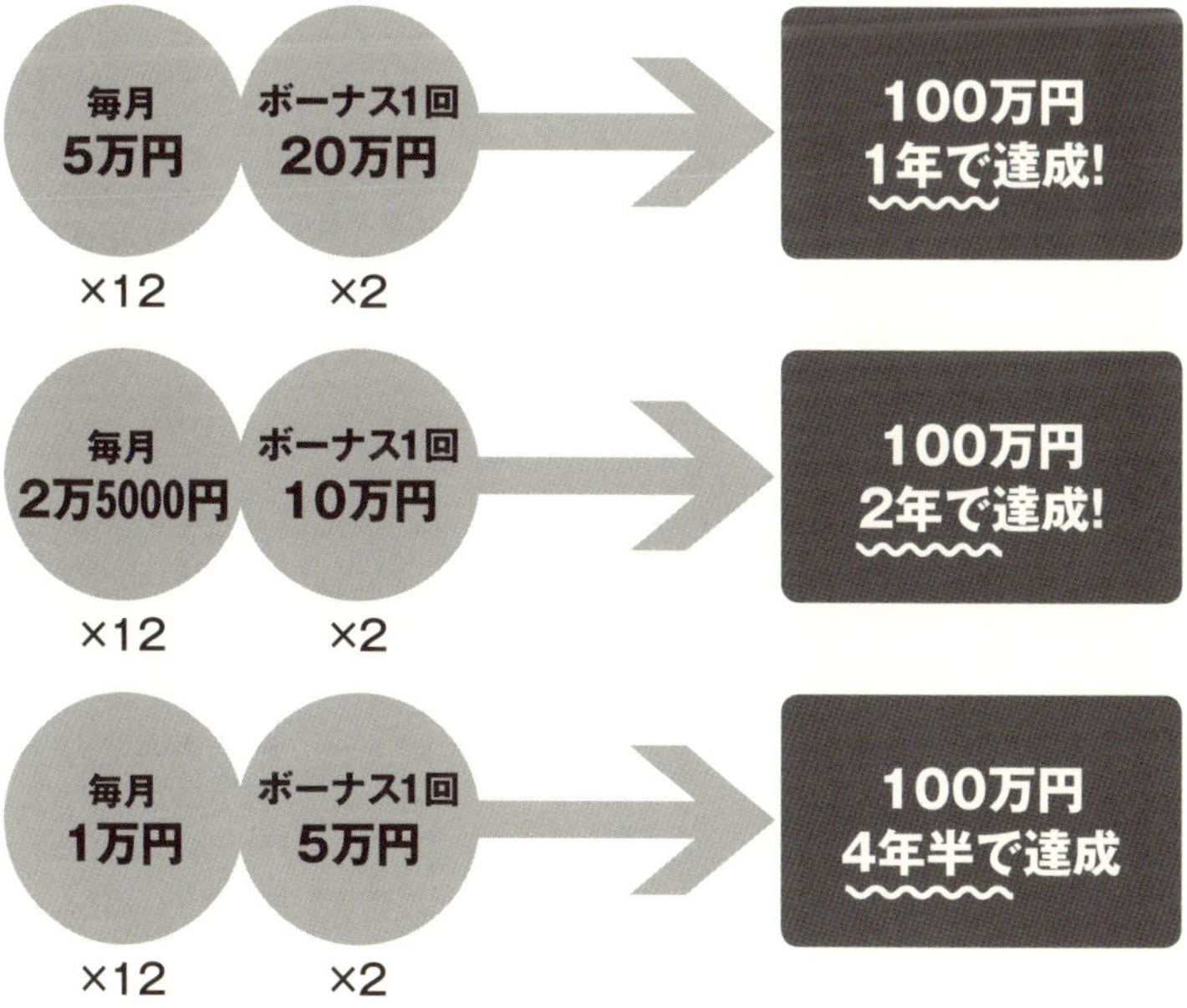

毎月
5万円
×12
ボーナス1回
20万円
×2
100万円
1年で達成！
毎月
2万5000円
×12
ボーナス1回
10万円
×2
100万円
2年で達成！
毎月
1万円
×12
ボーナス1回
5万円
×2
100万円
4年半で達成

の貯蓄ペースを客観的に見ることができるようになるでしょう。「100万円」というまとまった額が貯まるのは、うれしいもの。**一度でも達成すれば、「自分にもお金が貯められるんだ」と自信を持つことができます。**

目標が明確になれば、貯蓄へのモチベーションもぐっと上がります。毎月分、ボーナス分にいろいろな金額を当てはめながら「100万円到達への道」を探り、「やってみよう」と思える額を見つけてください。

22

お金は「使いながら貯めていくもの」。大きなお金が必要になる時期とは？

積み立てで貯めるお金は、ふだんは手をつけてはいけない「長期的な貯蓄」です。しかし、老後を迎えるまでの間には、さまざまなイベントが待ちかまえています。家を買う場合に住宅ローンの頭金を払ったり、子どもが生まれれば教育費を出したりしていかなくてはなりません。こうした「ここぞ」というイベントの時には、当然、貯めてきたお金を使うことになります。

先にお話ししたように、短期的に「貯めては使い、使っては貯め」を繰り返すのはＮＧですが、**長い目で見れば、お金は「使いながら貯めていくもの」なのです。**

たとえば、「結婚して子どもを持ち、住宅ローンを組んで家を買う」場合の人生のお金の流れを見てみましょう。

左のページの貯蓄残高推移を表したグラフを追っていくと、コツコツ積み立てたお金が家を買った時点で大きく減ることや、子どもが大学に進学するタイミングで貯蓄残高が一時的に右肩下がりになることが見て取れますね。

これから先の人生を俯瞰し、「いつ大きなお金が必要になるか」「どんな流れでお金を使い、貯

貯蓄残高推移のイメージを持っておこう

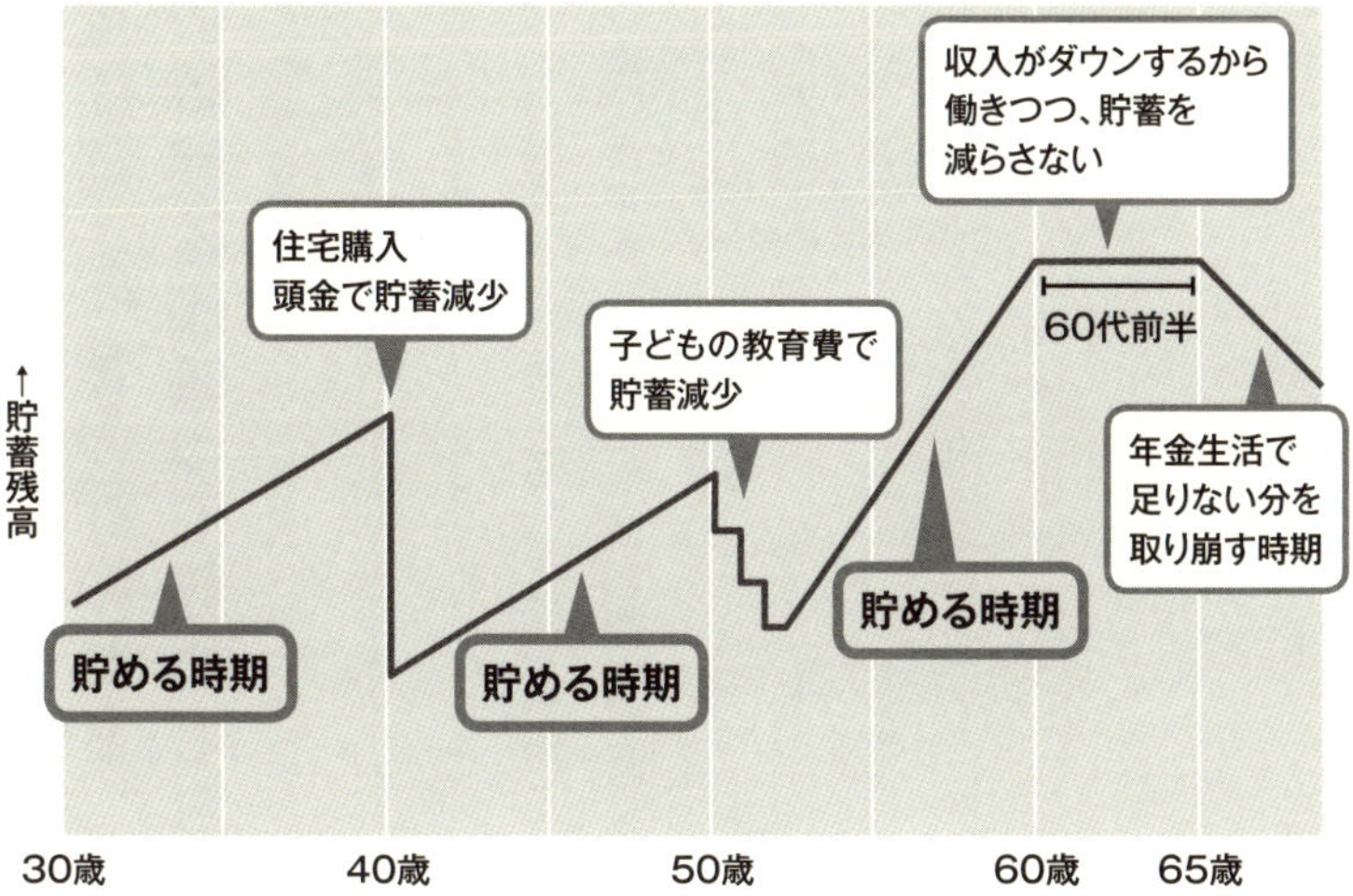

収入がダウンするから
働きつつ、貯蓄を
減らさない
住宅購入
頭金で貯蓄減少
60代前半
子どもの教育費で
貯蓄減少
↑貯蓄残高
年金生活で
足りない分を
取り崩す時期
貯める時期
貯める時期
貯める時期
30歳
40歳
50歳
60歳
65歳

めていくのか」をイメージしておくことは、とても大切です。

それは、こうしたイメージを持っておくことで、「いまは余裕があるけれど、先のことを考えると貯めておかなくてはいけない時期だな」「貯蓄が減っているけれど、この後、またちゃんと貯めていけるから大丈夫」といったように、その都度、的確な判断ができるからです。

あなた自身の人生のイベントはまだ予測できないかもしれませんが、貯蓄のおもな目標となるのは「住宅取得」と「子どもの教育」、そして「老後」。この流れを、頭の片隅に置いておいてください。

23

人生には「お金の貯めどき」が3度到来！その時期は頑張って貯めておこう

人生の流れをイメージしておくと、あらかじめ〝お金の貯めどき〟をつかめるというメリットがあります。人生の後半になってから、「あの時期に貯めておけばよかったのに……」と気づいても、あとの祭り。**〝貯めどき〟を知っておくのと知らないのとでは、貯蓄できる額に大きな差がでてしまいますから、チャンスを逃さずお金を貯められるよう、ここでしっかりポイントを押さえておきましょう。**

まず、1回めの〝貯めどき〟は子どもが生まれる前の時期。夫婦共働きで子どもがいない時期は、生活に余裕があるため、ついつい無駄遣いをしてしまいがちです。2人の生活を楽しむことも大切ですが、貯蓄のペースは意識的に上げておいたほうがいいでしょう。

子どもが生まれると、妻が産休を取ったり、幼いうちは保育料がかかったりするため、貯蓄のペースはダウンするのがふつうです。ここは焦らず、できる範囲で積み立てを続けていくようにします。

子どもが小学校に上がったら、いよいよ2回めの〝貯めどき〟。教育費がかさむ高校〜大学の進学時期に備え、貯蓄ペースをアップしていきましょう。一般に、子どもが大学に進学した後は入学金や授業料がかなりの負担となるため、年間の収支がマイナスになることもめずらしくありません。「子どもが大学にいる間は貯められない」と覚悟して、余裕のあるうちにしっかり準備しておくことが大切です。

そして、3回めの〝貯めどき〟が「子どもの独立後〜定年退職」の期間。子どもが大学を卒業すれば家計がラクになるので「リタイヤ後」に向けてスパートをかけましょう。

何度かある「貯めどき」を知っておこう

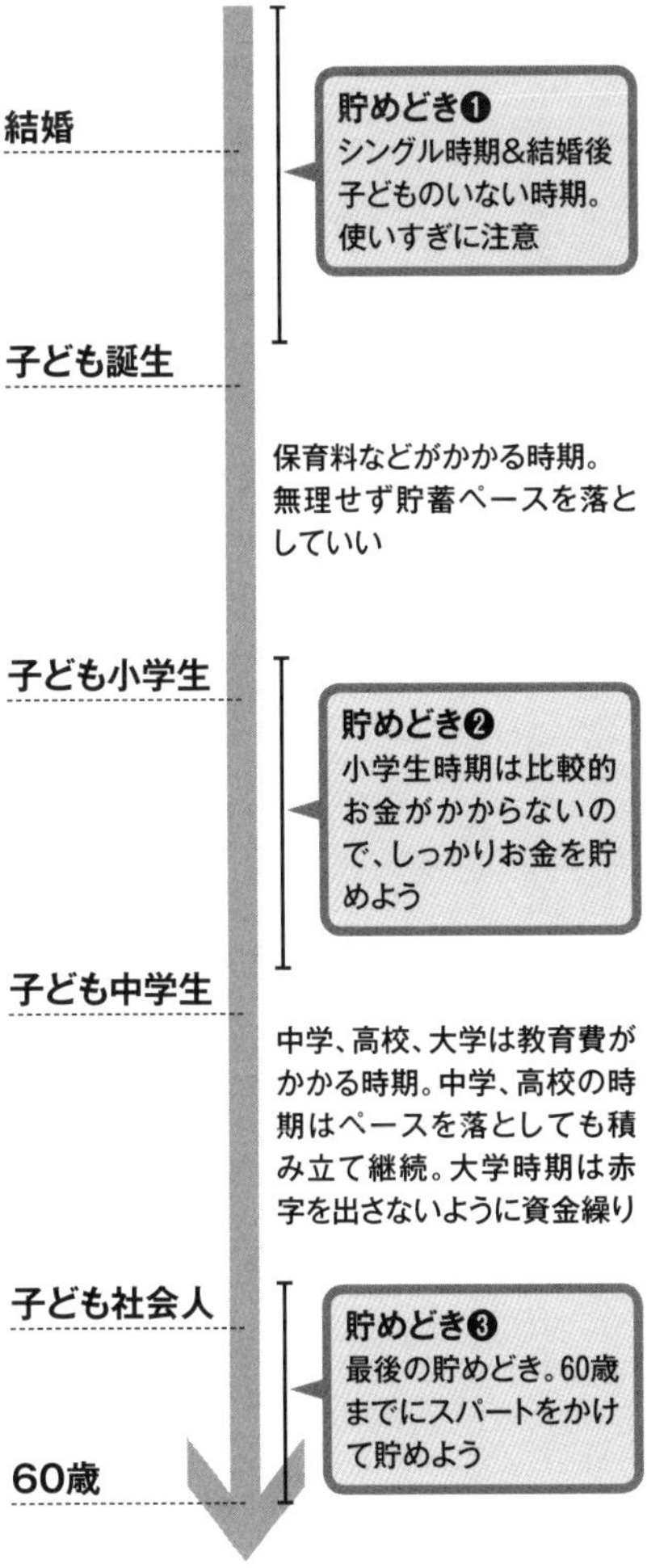
結婚
貯めどき❶ シングル時期&結婚後子どものいない時期。使いすぎに注意
子ども誕生
保育料などがかかる時期。無理せず貯蓄ペースを落としていい
子ども小学生
貯めどき❷ 小学生時期は比較的お金がかからないので、しっかりお金を貯めよう
子ども中学生
中学、高校、大学は教育費がかかる時期。中学、高校の時期はペースを落としても積み立て継続。大学時期は赤字を出さないように資金繰り
子ども社会人
貯めどき❸ 最後の貯めどき。60歳までにスパートをかけて貯めよう
60歳

人生は計画通りには進まない。大切なのは「柔軟に対応する力」

最近は、20代で結婚する人が減ってきているようです。いま30代の人も、「この先、結婚するかどうかはわからない」「先のことまで見通せない」というケースが少なくないでしょう。ここまでの間で、いくつか「結婚したら」「子どもができたら」といった前提を置いてお話をしましたが、「シングルのままだったら？」「子どもを持つタイミングが遅かったら？」などと不安を感じた方もいるかもしれません。

でも、「もし○○だったら」と考えて不安を募らせても、あまり意味はありません。30代なら、おそらくこの先に50～60年という長い人生が待っていることでしょう。これだけ長い人生が、すべて計画通りに進むことはありえませんよね。先のことをイメージしてみることは大切ですが、想像と違うことが起きたときに柔軟に対応していくことは、もっともっと大切なのです。

そして、人生に柔軟に対応していくために大事なのが、お金を貯めておくこと。

私の知人の男性は、数年前、新婚で入居したばかりの賃貸マンションを出て行かざるをえなくなるトラブルに見舞われました。上のフロアに住む人の騒音が尋常ではなく、管理会社を通じて苦情を伝えてもラチが明かなかったのだそうです。深夜も騒音がひどく眠れないうえ、奇妙な嫌がらせまで起き始めて妻が怖がったため、ほんの2カ月ほどで引っ越したといいます。その男性は、私に「『何かあった時のために』と貯めておいたお金が役に立ちました。妻のためにすぐ動けたのは不幸中の幸い」と話してくれました。

また、私が以前、一緒に仕事をしたある編集者は、30代で仕事を辞めてイギリスに留学しました。編集の仕事を続けているうちに、「翻訳の勉強をしたい」という夢ができたのだそうです。「もし留学費用をまかなえるだけのお金が貯まっていなかった

ら、夢をあきらめざるをえなかったと思います。コツコツ貯めておいて、本当によかったです」――退職のあいさつに来てくれたときの晴れやかな顔は、いまでも忘れられません。

私は「頑張ってお金を貯めましょう」と言い続けていますが、みなさんに〝金の亡者〟になってほしくはありません。お金は、将来への不安をなくすだけでなく、人生を柔軟に切り開いていくためにこそ、準備しておくべきものなのです。お金は、人生の選択肢を広げてくれるものなのだということを、常に心に留めておきましょう。

将来は、1日1日を積み重ねていった先にしかありません。明日、急に〝老後〟がやってくるわけではないのですから、お金のことばかり考えてあれこれと心配するのはやめましょう。まずは、きちんとお金を貯めていくことに集中！　焦ったり、ストレスをためたりしないでください。人生がどう転んでも、「3つの習慣」は、必ずあなたの味方になってくれます。

第3章

3年後、後悔しないための「お金」の使い方をマスターする

24

30代のお金の使い方は、一生を左右する無駄遣いは、20代で卒業しよう

お金の使い方は、貯め方と同じくらい大切です。「給料－使ったお金＝貯蓄」ですから、しっかり貯蓄していくには、支出をきちんとコントロールする力がなくてはいけません。

とはいえ、20代のうちは誰しも失敗した経験があるものです。みなさんも、ここで振り返ってみてください。20代で、「これは自己投資だから」とお金を費やしたものは、使ったお金に見合うリターンがありましたか？「趣味のためだから」と買ったものは、「無駄ではなかった」といいきれるでしょうか。おそらく、多かれ少なかれ、「あれは無駄遣いだったな」と反省する部分があるのではないかと思います。かくいう私も、私のFP仲間たちも、20代を振り返れば「そんなことにお金を使っていたなんて……」といわれてしまいそうな武勇伝（ここではとても書けない…）を持っています。

無駄遣いは、やってみて初めて「無駄だった」ということに気づけるものですし、ずっとお金を使うのを我慢し続けていると、どこかでタガが外れてしまうこともあります。**20代のうちに失敗経験を積んでおくことは、大切です。でも、30代で20代と同じ失敗を繰り返すのはNG。**いま

までの失敗を糧にして、上手なお金の使い方を身につけられるかどうかが、今後の人生を大きく左右するのだということを心に留めておきましょう。

お金の使い方は、貯め方と同じくらい大切!

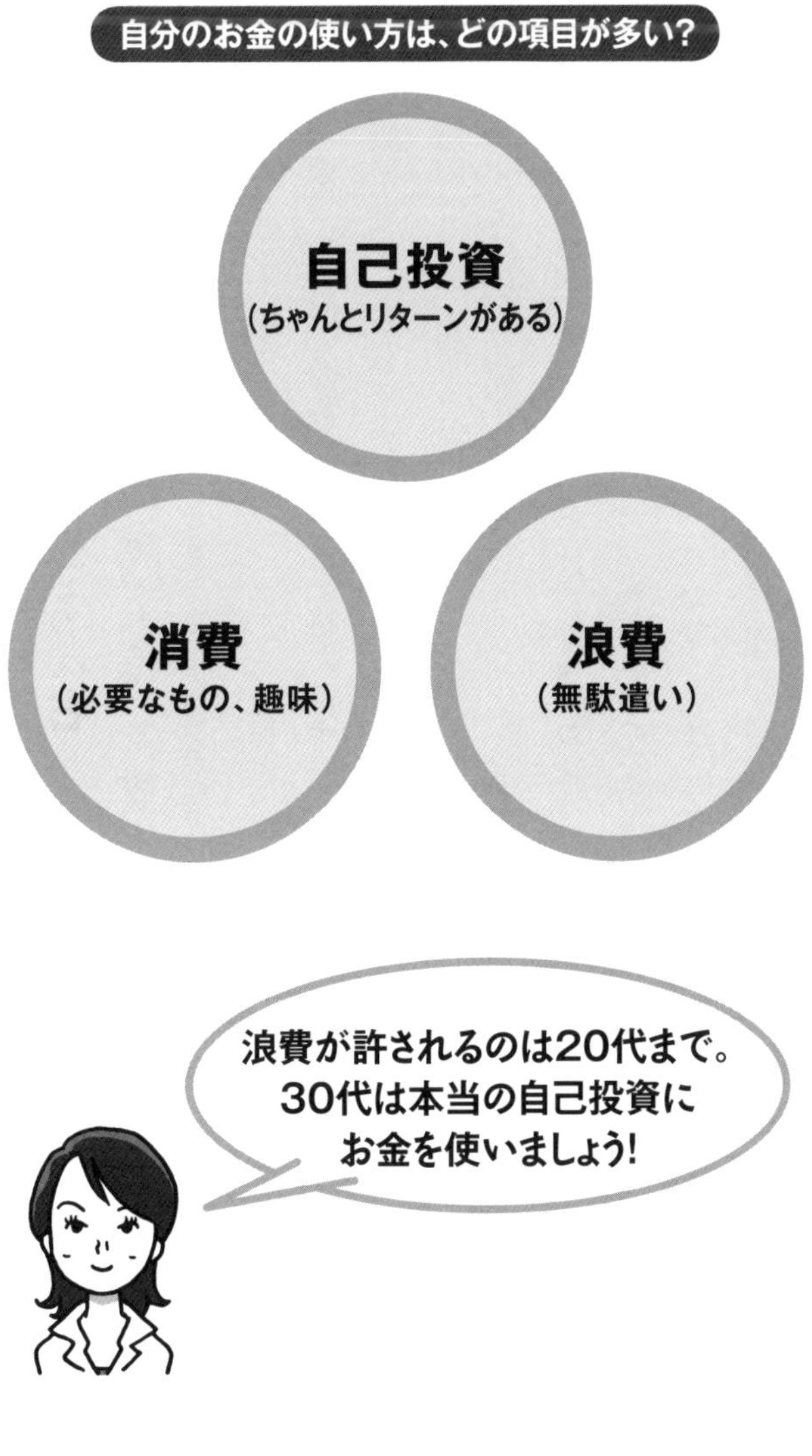
自分のお金の使い方は、どの項目が多い?
自己投資
(ちゃんとリターンがある)
消費
(必要なもの、趣味)
浪費
(無駄遣い)
浪費が許されるのは20代まで。
30代は本当の自己投資に
お金を使いましょう!

25

お金管理はシンプルにする！「通帳記載」と「現金の出金」だけで支出がわかる

家計診断の仕事をしていて、相談者の方に「1カ月の支出と貯めたお金の額を教えてください」とお願いすると、「支出＋貯蓄」が収入を超えているケースが少なくありません。この原因は、支出額の把握ができていないことにあります。収入と貯蓄は簡単に把握できますが、支出は現金のほかに口座からの引き落とし、クレジットカードや電子マネーなどがあり、なかなか全体像を正確につかめないものなのです。

適正な積み立て額をつかむためには、やはり毎月のお金の出入りをつかんでおくことが必要。とはいえ仕事で忙しい30代のみなさんは、「家計簿なんてつけていられない」という人が多いですよね。ご安心ください。収入と支出がぴったり一致するように、支出を正しく計算する方法を紹介します。ポイントは、２つの数字を集計することです。

1つは、銀行口座からの引き落とし分。これは、ネットバンキングや通帳で取引履歴を見て、1カ月分を書き出すだけでOKです。**2つめは、現金の支出。**レシートを取っておく必要はありません。給料日から次の給料日までの間に、銀行からおろした現金を合計します。電子マネーは、チャージした時点で現金またはクレジットカードから出ていくことになるので、ここでは考慮しなくてＯＫ。１カ月のお金の流れをつかむのが目的ですから、数字はどれも１０００円単位でかまいません。

２つの数字を足すと、１カ月でいくら使っているかがわかります。月々の積み立て額と合わせて、収入をオーバーしていないかどうかを確認しましょう。

□ 2つの数字を足して、支出をチェックしよう

【銀行口座引き落とし分】

- 家賃または住宅ローン
- 公共料金
- 通信費やNHK、新聞代など
- クレジットカード利用分
- その他

合計　　円

＋

【お財布からの現金支出】

- 給料日から1ヵ月でおろした金額

（わからない場合は、通帳やネットバンキングの明細を見よう）

合計　　円

＝

1ヵ月いくら使っている？

2つの合計額　　円

26

節約だけでは続かない。先取り貯蓄をすれば残りは好きに使っていい！

長期にわたって無理なく貯蓄するには、「年間積み立て額を決めて、ちゃんと貯める」「年間の目標額を貯められれば、あとは全部使って構わない」というルールを決めておくのがお勧めです。いくら貯めればいいのかをはっきりさせておかないと「いくら貯めても安心できない」という心理状況に陥ってしまいかねません。**貯めるべき分さえ貯蓄できれば、あとは心置きなく使っていいと、私は思っています。**

では、「年間積み立て額」はいくらを目指せばいいのでしょうか？

「子どもが生まれる前」「子どもが小学生」「子どもが独立した後」など、人生の〝お金の貯めどき〟には、夫婦で年140万～200万円の貯蓄を目指しましょう。左ページの図のようなペースで〝貯めどき〟を逃さず貯蓄していければ、無理なくマイホームを買い、退職時には約2500万円の貯蓄をつくることができます。

最低ラインは、夫婦なら毎月とボーナス合わせて年60万円。シングルなら年50万円が目標です。

出費がかさむ時期でも最低ラインを守れるよう、家計に余裕をつくっておくことが大切。家計診断をしていると、年30万円くらいしか貯めていないという方もいますが、これでは冠婚葬祭などで予定外の出費があったときに年間収支がかんたんにマイナスになってしまいます。

年間積立額をちゃんと貯められたら、あとは全部使っていい！

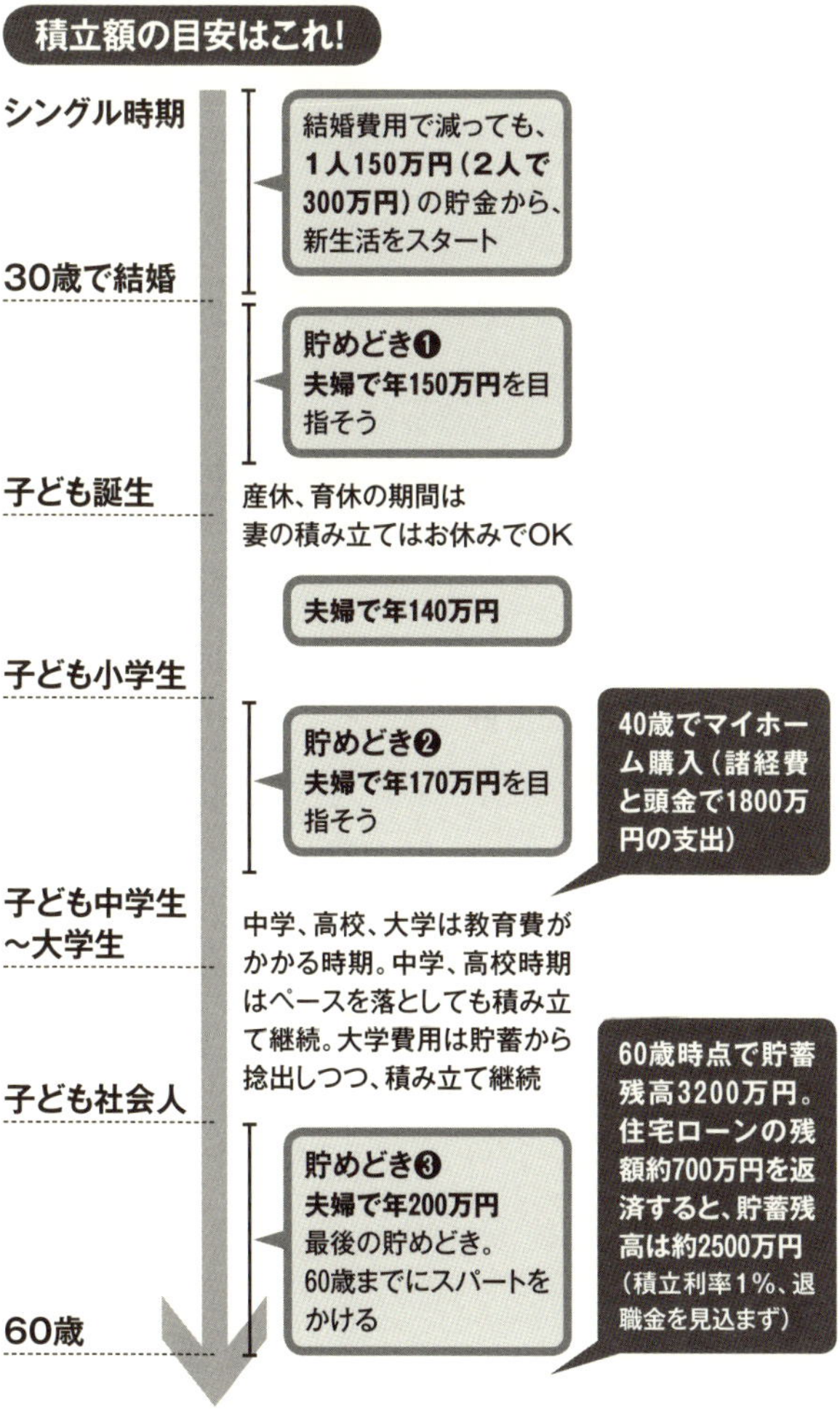

積立額の目安はこれ！
シングル時期
結婚費用で減っても、1人150万円（2人で300万円）の貯金から、新生活をスタート
30歳で結婚
貯めどき❶
夫婦で年150万円を目指そう
子ども誕生
産休、育休の期間は妻の積み立てはお休みでOK
夫婦で年140万円
子ども小学生
貯めどき❷
夫婦で年170万円を目指そう
40歳でマイホーム購入（諸経費と頭金で1800万円の支出）
子ども中学生〜大学生
中学、高校、大学は教育費がかかる時期。中学、高校時期はペースを落としても積み立て継続。大学費用は貯蓄から捻出しつつ、積み立て継続
子ども社会人
貯めどき❸
夫婦で年200万円
最後の貯めどき。60歳までにスパートをかける
60歳時点で貯蓄残高3200万円。住宅ローンの残額約700万円を返済すると、貯蓄残高は約2500万円（積立利率1％、退職金を見込まず）
60歳

27

年間支出、年間貯蓄を見直して「ボーナスで補塡する」習慣はやめる

お金の貯め方や使い方にコンプレックスを持っている人は、「毎月の収支が赤字になり、ボーナスで穴埋めする」というパターンに陥っていることが多いようです。こう聞くと「お金を使いすぎているのだから、コンプレックスを持っても当然だ」と思うかもしれませんが、実は、原因が「積み立てのしすぎ」にあることも少なくありません。

積み立て額に無理があると生活費が足りなくなりますから、給料日前にメイン口座がすっかかんになってしまうことになります。結局、ボーナスや積み立てで貯めた分の取り崩しで不足分を補塡し、なんとかしのぐわけです。

これを繰り返していると、「またお金をこんなに使ってしまった……」と自分を責めるようになっていきます。もちろん、いくら貯蓄を続けていても、生活費が足りなくなるたびに取り崩していては計画通りにお金が貯まっていきません。「赤字を穴埋め」パターンは、積み立てを始めたばかりで、一生懸命貯めようと頑張っている人ほど陥りがちな〝落とし穴〟。気持ちを前向きに保ち、貯蓄ペースを守るためには、この〝落とし穴〟にはまらないようにしなくてはなりませ

ん。**その意味で、「居心地よく、無理なく続けられる積み立て額を見つけること」がとても重要。**
もちろん、あまりラクをしすぎると貯蓄ペースが上がりませんから、どこまでなら頑張れるかをしっかり見極めることも必要といえます。

積み立ては「続ける」ことが大事! 自分の適正額を知る

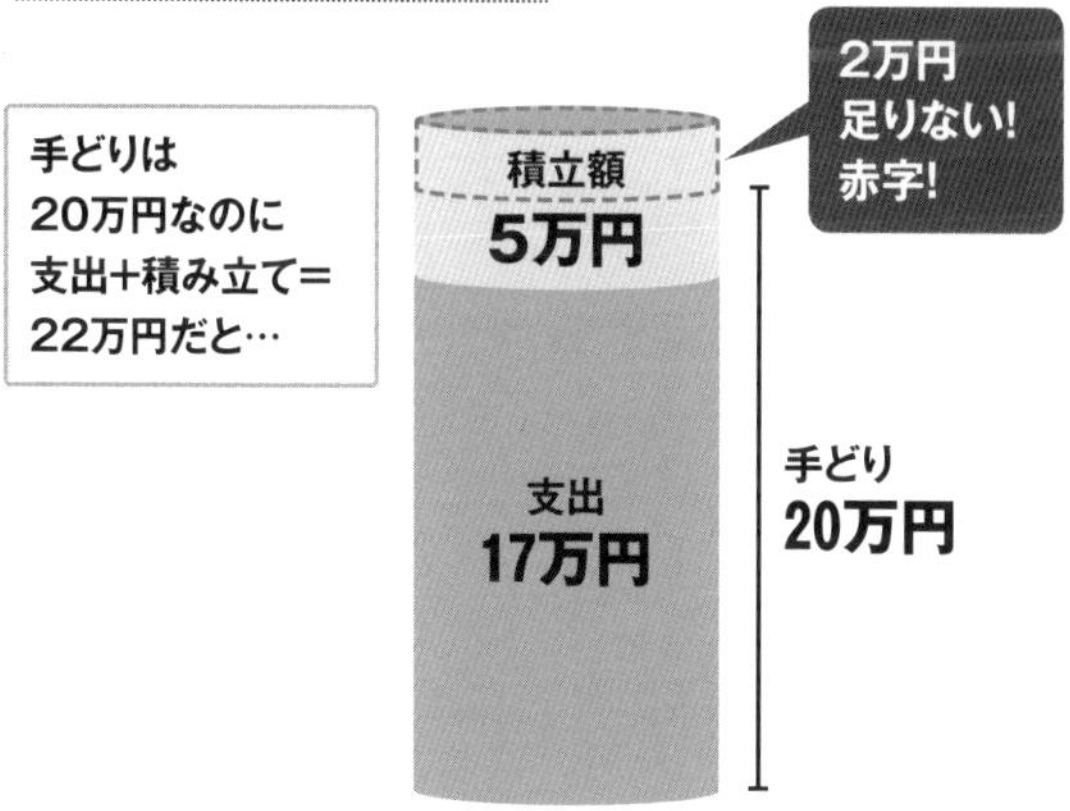
手どりは
20万円なのに
支出+積み立て=
22万円だと…
積立額
5万円
2万円
足りない!
赤字!
支出
17万円
手どり
20万円

原因をチェックして
適正な積み立て額を見つけましょう

STEP❶

赤字の原因は?
☑ 使いすぎ
(他にこんな原因も…)
☑「貯蓄しすぎ(積み立てしすぎ)」の場合もある

STEP❷

「使いすぎ」か「貯めすぎ」か、原因を探ろう。支出の分析をするといい!

STEP❸

適正額がわかる!

28

ひとりでも、夫婦でも「ボーナス会議」を開催！事前に予算を振り分ける

「毎月の赤字をボーナスで補塡してしのぐ」という状況から脱すると、ボーナスを全額、貯蓄や大きな買い物などに振り向けられるようになります。ただし、ボーナスをメイン口座に入れっぱなしにしていると「何となく使ってしまった」ということになりがちです。**ボーナスが出たら、すぐに積み立て口座と〝サブ口座〟に移すのが、ボーナスを上手に活用するポイントといえます。**

そこで、ボーナスがどれくらい出るかがわかったら、あらかじめ家族で「ボーナス会議」を開きましょう。シングルの人も「ひとりボーナス会議」をしてください。ボーナス会議では、まず先にいくら貯めるかを話し合います。年間の貯蓄目標額を念頭に、月々の積み立て額と考え合わせて決めましょう。社内預金や財形貯蓄を利用して積み立てている場合は、ボーナス時の積み立て額を設定できますから、話し合いで決めた額で手続きを行ってください。銀行の積み立て定期預金を利用している人は、ボーナスが出た時点でネットバンキングやATMで定期にお金を移せばOKです。

つづいて、貯める分を除いた残りをいつ何に使うかも話し合います。旅行に行ったり、家電や

デジタル製品を買うのもいいでしょう。貯める分さえ貯めてしまったら、まとまったお金をドンと使ってもまったくかまいません。計画的にお金を貯めていればこそ、「使う楽しみ」も持てるようになるものなのです。

ひとりでも、共働きでも「ボーナス会議」を開く!

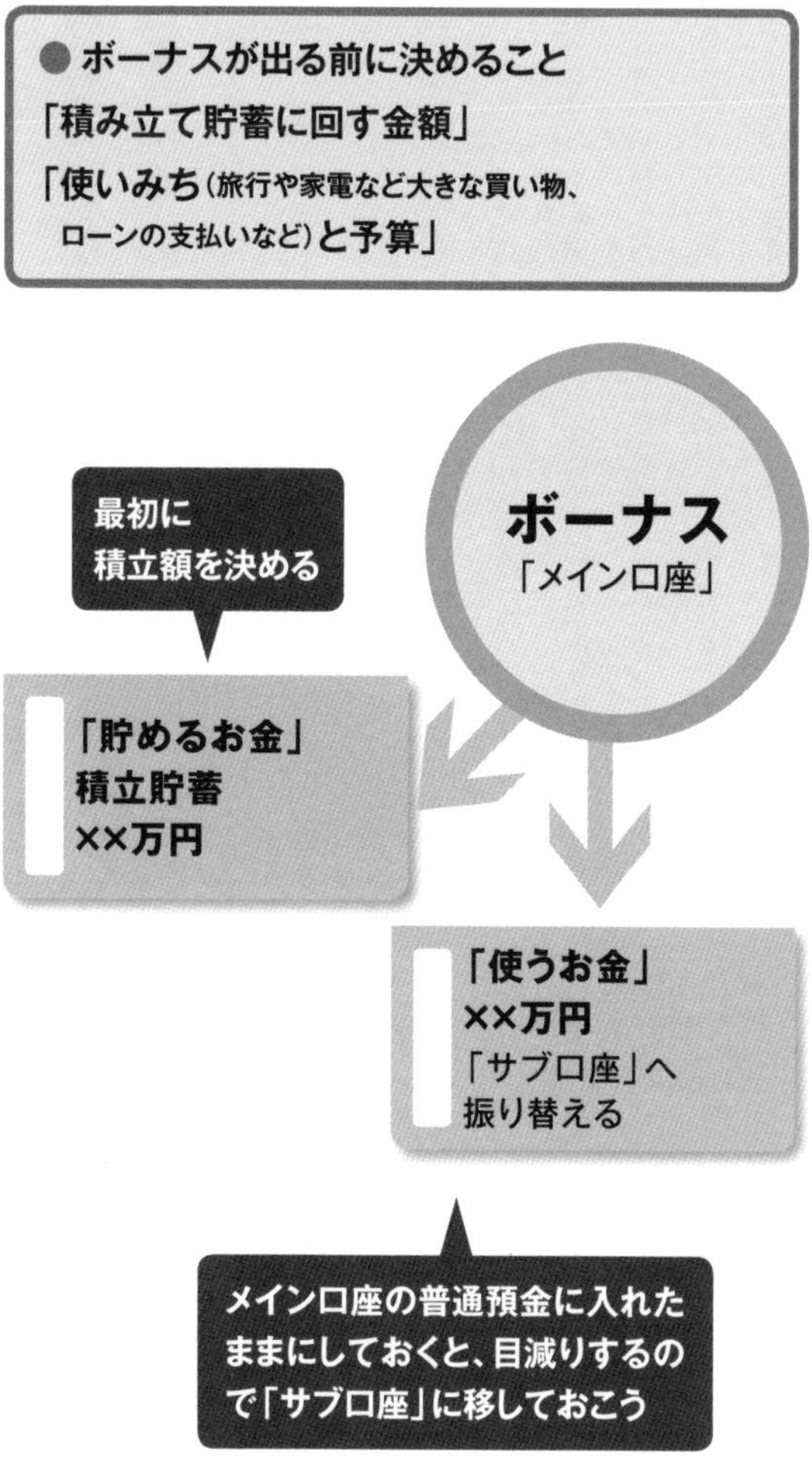

● ボーナスが出る前に決めること
「積み立て貯蓄に回す金額」
「使いみち(旅行や家電など大きな買い物、ローンの支払いなど)と予算」
ボーナス
「メイン口座」
最初に積立額を決める
「貯めるお金」
積立貯蓄
××万円
「使うお金」
××万円
「サブ口座」へ振り替える
メイン口座の普通預金に入れたままにしておくと、目減りするので「サブ口座」に移しておこう

29

1カ月の総額がすごい金額になる⁉ 気がつきにくい「なんとなく消費」を防ぐ方法

毎日ちょこちょこと使い続けるお金は、思った以上に大きな支出になっていることがあるので、注意が必要です。あなたは、しょっちゅう立ち寄っているコンビニ、また女性なら常連のドラッグストアがありませんか？　そこで、1カ月あたりどれくらいのお金を使っているか知っていますか？

習慣的に足を運んでいるお店が、無駄遣いの温床になっている人は少なくありません。以前、雑誌の企画で家計診断を行った際、相談者に「コンビニの1カ月の支出を計算してみましょう」と提案したところ、なんと月に3万円も使っていたことが発覚したというケースもありました。

「もしかして、自分もあてはまるかも……」と思った人には、一度、どれくらい使っているかチェックしてみることをお勧めします。とはいえ、いちいちいくら使ったかを記録するのは大変ですから、とりあえず〝常連〟のお店でレシートを受け取るようにしましょう。それを箱などに入れてとっておき、1カ月経ったところで集計すればOKです。

こまごまとした節約をする必要はないとはいえ、本当に必要とはいえないものに、なんとなくお金を使ってしまうのはもったいない話。「使い過ぎだな」とわかったら、惰性で立ち寄るのをやめる、買う前に本当に必要かどうかを考えるクセをつけるなどして、無駄な支出を減らしましょう。

□ 日々のちょこちょこ支出をチェック!

会社の下のコンビニの
レシートを集計したら、
1カ月3万円も使っていた!
どうりで店員に
挨拶されるわけだ
1日500円でも1ヵ月では
1万5000円!
1年だと18万円です!

30

お金が貯められない人の残念な習慣。それは「ATMでちょこちょこ引き出し」だ！

突然ですが、あなたは、月に何回お金をおろしているか、すぐに答えられますか？

「財布の中のお金が少なくなったらコンビニのATMでおろすから、回数なんて気にしていない」という人が多いのではないかと思います。しかし実は、「コンビニATMでちょこちょこ引き出し」タイプの人は、無駄遣いが多くなる傾向があるのです。

まず、「ちょこちょこ引き出し」をしていると、今月使っていいお金があとどれくらいあるかが意識しにくくなります。毎月銀行口座から引き落とされるお金はだいたいどれくらいか把握できますし、積み立て額もわかっているのですから、生活費やお小遣いとして銀行口座からおろしていい金額は決まっているはず。それなのに、「今日はとりあえず1万円」「食事に行くから、また1万円」とちょこちょこ引き出していると、「おろしていい金額」のうち、いくら使ったのかがわからなくなってしまいます。

さらにコンビニATMは、立ち寄ったときについ「せっかくだから」と買い物をしてしまいがちなため、無駄遣いの温床となります。オフィス街では、お昼休みはコンビニATMの前に行列ができていることも少なくありませんから、並ばなくてすむ時間帯に、と手数料のかかる夜間に利用することが増えてしまいがちなのもデメリット。夜間や休日の引き出し手数料は「チリも積もれば山となる」ですから、できる限り避けたいものです。お金をおろす際は、できるだけ手数料のかからない時間帯に、銀行ＡＴＭを利用するようにしましょう。

1ヵ月にいくら現金を使っているか、わかりますか？

1ヵ月に1〜2回
現金をおろす人
即答できます
給料日後に1回だけ
6万円おろしている
お金が
貯まりやすい人
5千円、1万円単位で、
ちょこちょこおろす人
う〜ん、
計算しないと
わからない。
その月によって
違うかも
お財布に入れておくと
使ってしまうので、1万
円ずつおろしている。
トータルいくらだろう？
お金が
貯まりにくい人

31

ATMで生活費をおろすのは、「月に一度、まとめておろす」のが正解！

支出を上手にコントロールするには、毎月、現金で支出していい金額の上限を定めておくのがコツです。決めた上限を守るには、月に一度、〝上限額〟をまとめておろすようにします。あとは、「これ以上はおろさない」と決めて死守すればOKです。「まとまったお金を財布に入れて持ち歩くのはこわい」という人は、すぐに使わない分をとりわけて、家に置いておきましょう。

最初は慣れないかもしれませんが、3カ月も続ければ徐々に支出をコントロールできるようになってきます。「どうしても最初に使いすぎて、給料日前に苦しくなってしまう」という人は、おろしたお金を1週間分ずつにわけてみましょう。期間を短く区切って「使っていい金額の上限」を意識すると、より支出がコントロールしやすくなります。

1週間単位でお金を管理する場合は、ATMでお金をおろす時に「両替」ボタンを使うのがポイントです。このボタンを押すと、1万円分は1000円札で出てきますから、「1週間あたり1万2000円ずつ」などと細かくお金をわけるときに重宝します。

□ 1カ月に一度、まとめておろして、1週間ごとに分けて使う

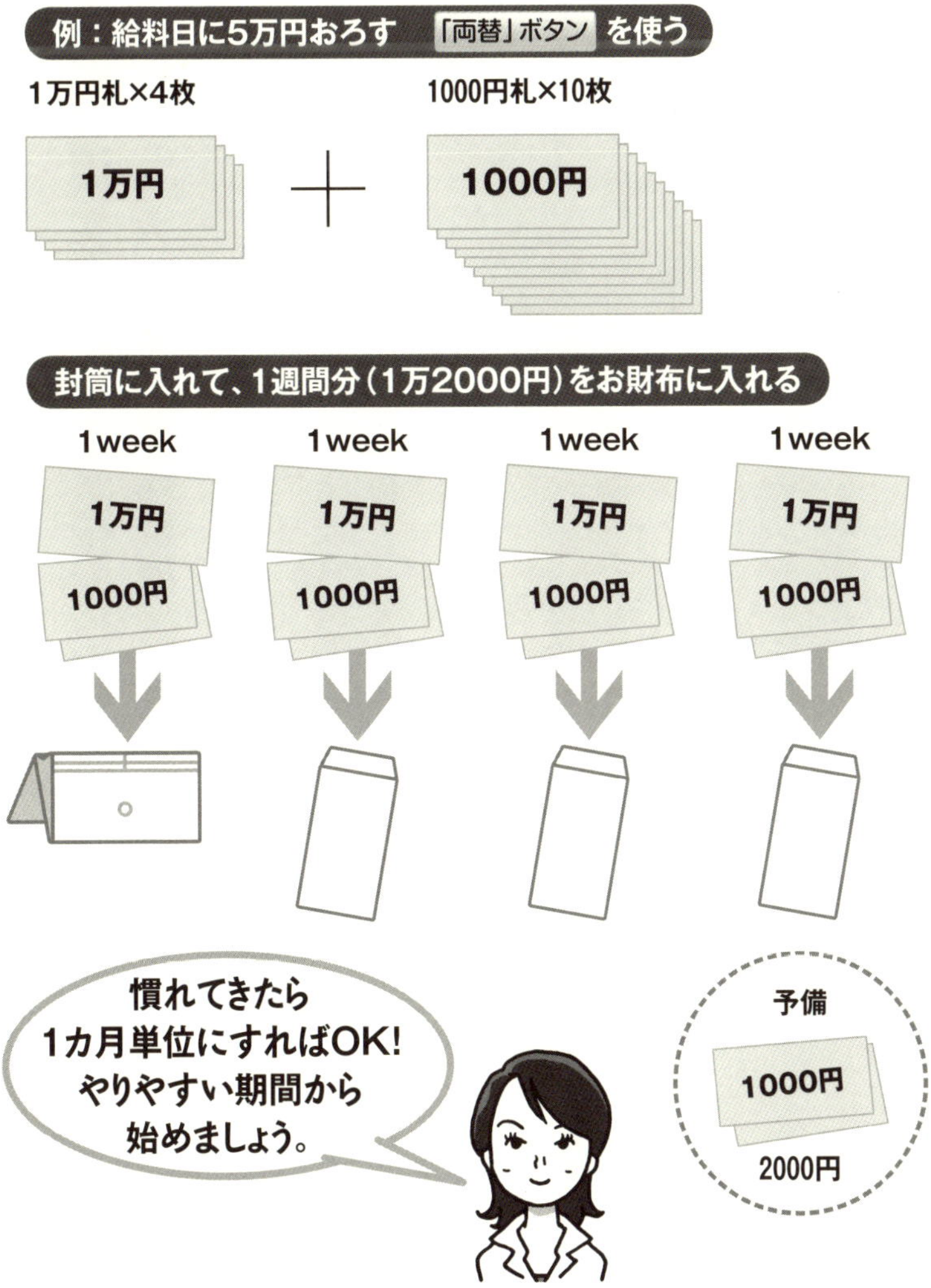
例：給料日に5万円おろす 「両替」ボタン を使う
1万円札×4枚
1万円
1000円札×10枚
1000円
封筒に入れて、1週間分（1万2000円）をお財布に入れる
1week
1万円
1000円
1week
1万円
1000円
1week
1万円
1000円
1week
1万円
1000円
慣れてきたら
1カ月単位にすればOK!
やりやすい期間から
始めましょう。
予備
1000円
2000円

32

お金の管理を簡単にするためにも、「クレジットカードは2枚まで」

現金と並んで、支出管理で重要なカギをにぎるのがクレジットカード。家賃や光熱費といった銀行口座からの引き落とし分は、金額がある程度、決まっています。一方、**クレジットカードは利用枠の範囲であればいくらでも使えてしまうので、収支が赤字になる原因となりやすいのです。**

クレジットカードは、使いすぎてしまわないよう、しっかり管理しなければならないものといえます。

この点、一度見直したいのが、クレジットカードの枚数です。お店で「クレジットカードを作りませんか?」と勧められるままに次々とカードを作り、「気づいたら、5枚も6枚も持っていた」という人も少なくありません。クレジットカードは年会費がかかるものもありますし、何より、利用明細がいくつにもわかれると支出が管理しにくくなります。カードを何枚も持つのは、やめるべきです。

いま3枚以上のクレジットカードを持っている人は、2枚に絞って残りはやめましょう。1枚に絞らないのは、メインカードで旅行代金や引っ越し代などの大きな支払いをすると、限度額に達して日常生活でカードを使えなくなることがあるからです。また、海外などでは身分証明のためにクレジットカードを2枚見せるようにいわれる場合もあります。こうしたシーンに備え、念のため、メインカードのほかに1枚残しておくのがお勧めです。

□ クレジットカードは2枚までに!

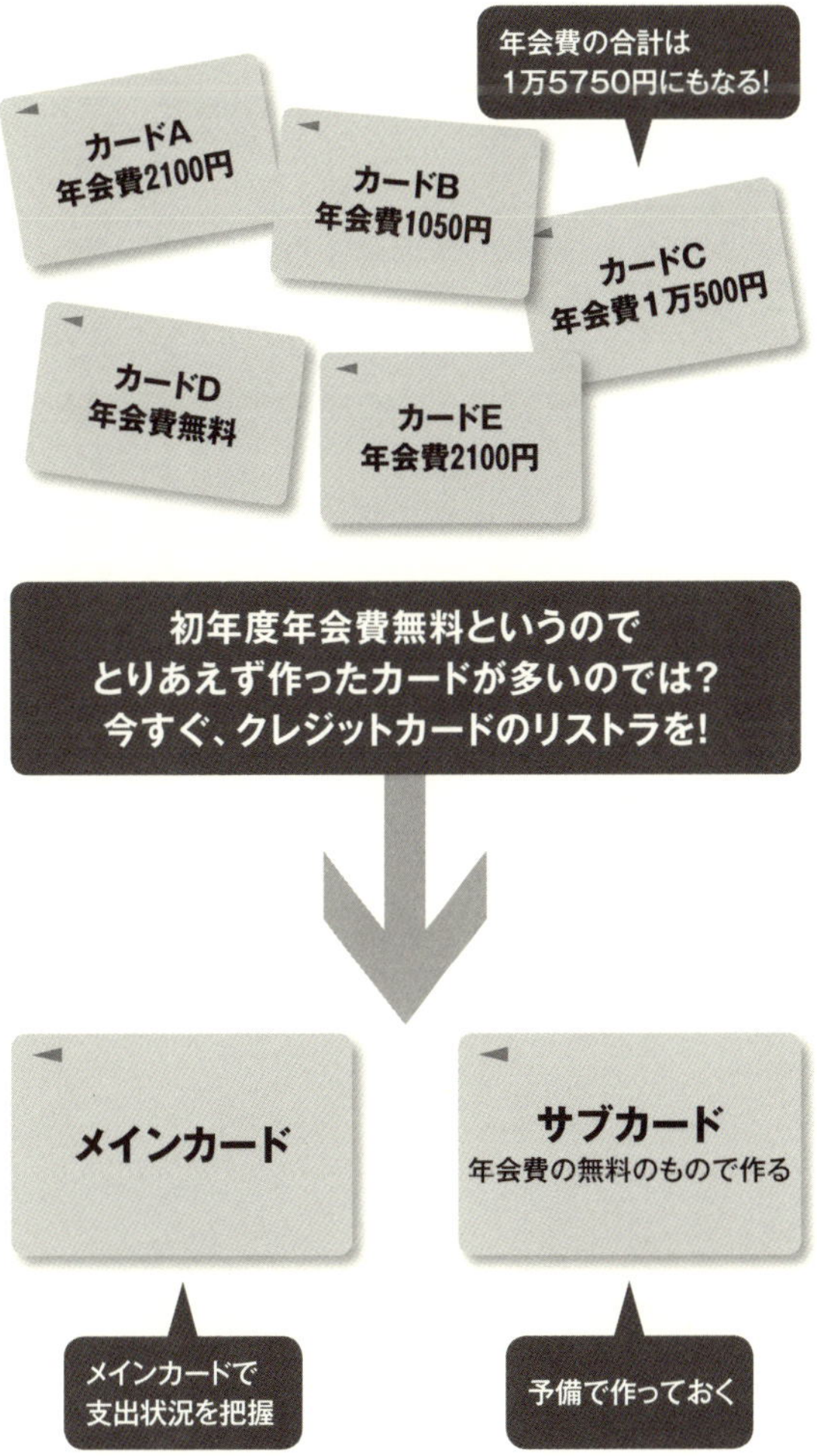

年会費の合計は
1万5750円にもなる!
カードA
年会費2100円
カードB
年会費1050円
カードC
年会費1万500円
カードD
年会費無料
カードE
年会費2100円
初年度年会費無料というので
とりあえず作ったカードが多いのでは?
今すぐ、クレジットカードのリストラを!
メインカード
サブカード
年会費の無料のもので作る
メインカードで
支出状況を把握
予備で作っておく

33

今の30代には欠かせない！「電子マネー」との上手なつき合い方

クレジットカードに続いて、見直したいのが電子マネー。

Suica やEdy、WAONなど、近年はさまざまな電子マネーが使われるようになりました。クレジットカードや銀行口座からチャージできたり、一定額を下回ったら自動でチャージされたりと、機能が満載で便利なことは間違いありません。

ただ、便利だからこそどんどん使えてしまう怖さがあるのも、電子マネーです。いま、電子マネーを利用している人は、1カ月あたり電子マネーでいくら使っているかと聞かれてすぐに答えられるでしょうか？　特に、何種類もの電子マネーを使い、現金、クレジットカードなどさまざまな手段でチャージしている人は、「電子マネー支出の総額」をつかみにくいのではないかと思います。

電子マネーの1カ月あたりの利用額を即答できなかった人は、**自分で「今月いくら使ったか」が把握できる範囲に利用をとどめ、月に一度は利用総額を確認する習慣を身につけましょう。**できれば電子マネーは1種類に絞ると、支出をつかむうえでも管理が楽だと思います。

□ 電子マネーは、「支出の総額」をつかみにくい!

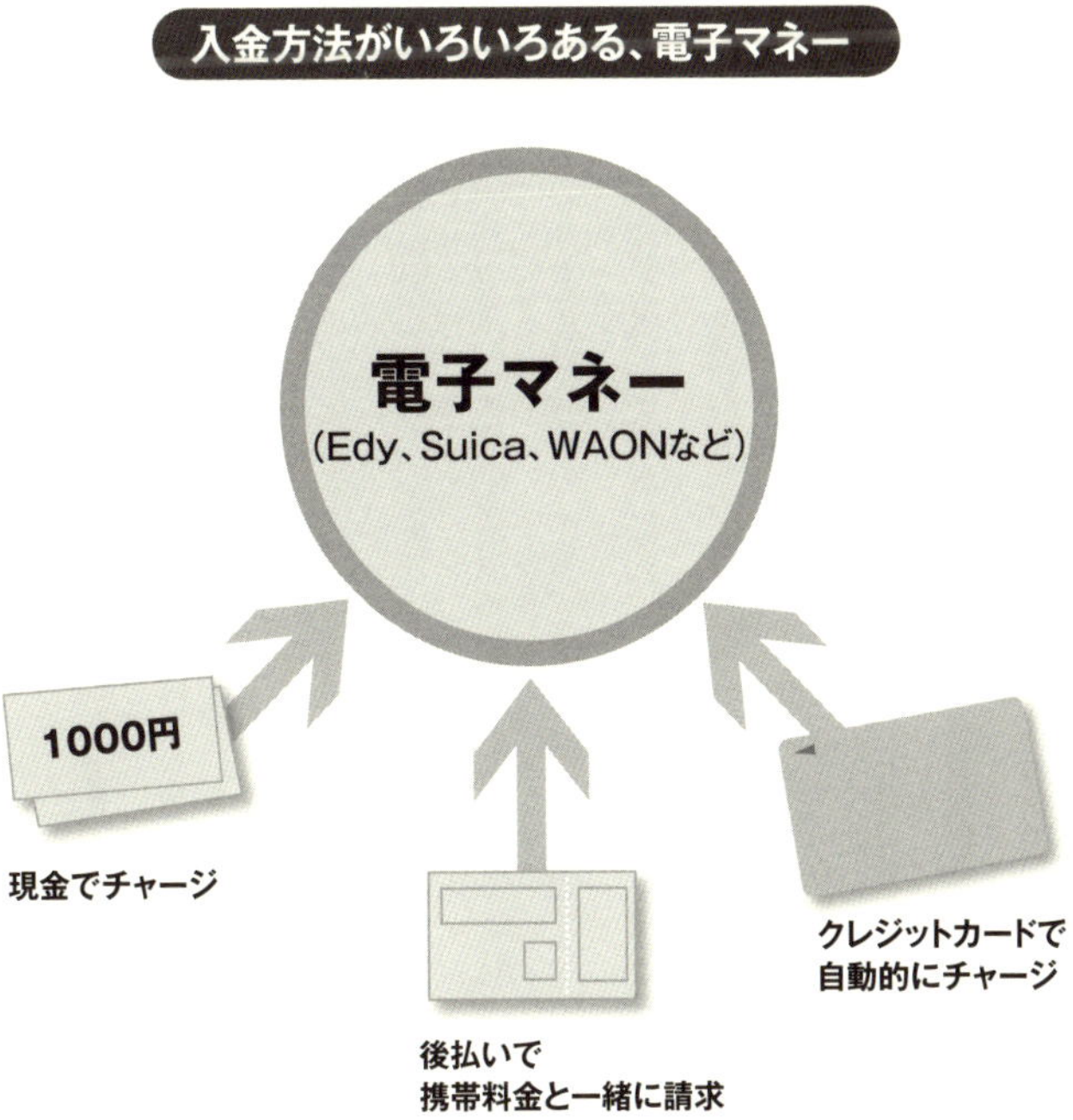
入金方法がいろいろある、電子マネー
電子マネー
（Edy、Suica、WAONなど）
1000円
現金でチャージ
後払いで
携帯料金と一緒に請求
クレジットカードで
自動的にチャージ

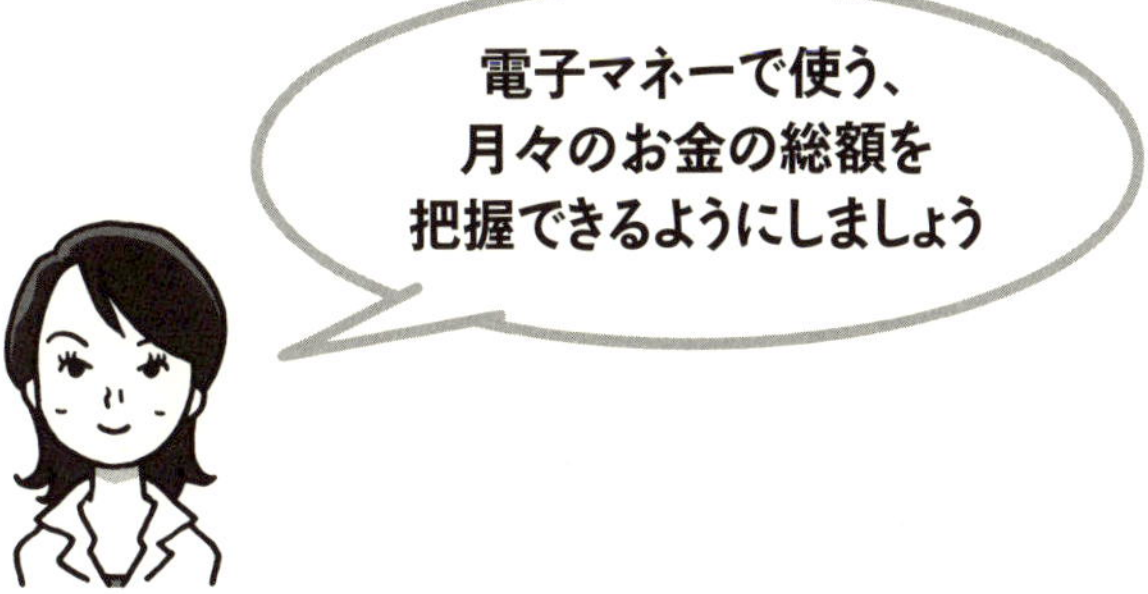
電子マネーで使う、
月々のお金の総額を
把握できるようにしましょう

34

夫婦の「お小遣い」は例外は作らずに、定額制を導入する

結婚している人の場合、**家計管理のうえで特に注意しなくてはならないのが、夫婦のお小遣いの決め方です。**

たとえば、妻がお財布のヒモを握り、夫は小遣い制になっているご夫婦の家計相談を受けると、「妻の小遣いはナシ」というケースはめずらしくありません。しかし、妻が自分の支出を一切しないというのはありえないでしょう。自分で使う分、つまりお小遣いとして使っている分は、〝生活費〟と呼んでいるお金のかたまりから、ひっそりと出続けているはずなのです。これは要改善！　生活費とお小遣いはしっかり切り分け、妻も決まった額のお小遣いをちゃんととりましょう。そうしないと、「今月は〝生活費〟がかさんで赤字になってしまった」などということになりかねないからです。

夫の小遣いも、同様に上限を決めておくことが大切。「ウチはちゃんと月3万円に決めている」などという場合も、「会社の飲み会で会費がかかった」などの理由で、〝生活費〟から追加のお金を出していないかどうか振り返ってみてください。変動する支出は、上限を決めておかない

とコントロールできなくなります。自分のための支出はすべてお小遣いの範囲でまかなうというルールを徹底しましょう。そのためにお小遣いの金額をアップするのもアリです。

□ こんなケースはお金が貯まらない

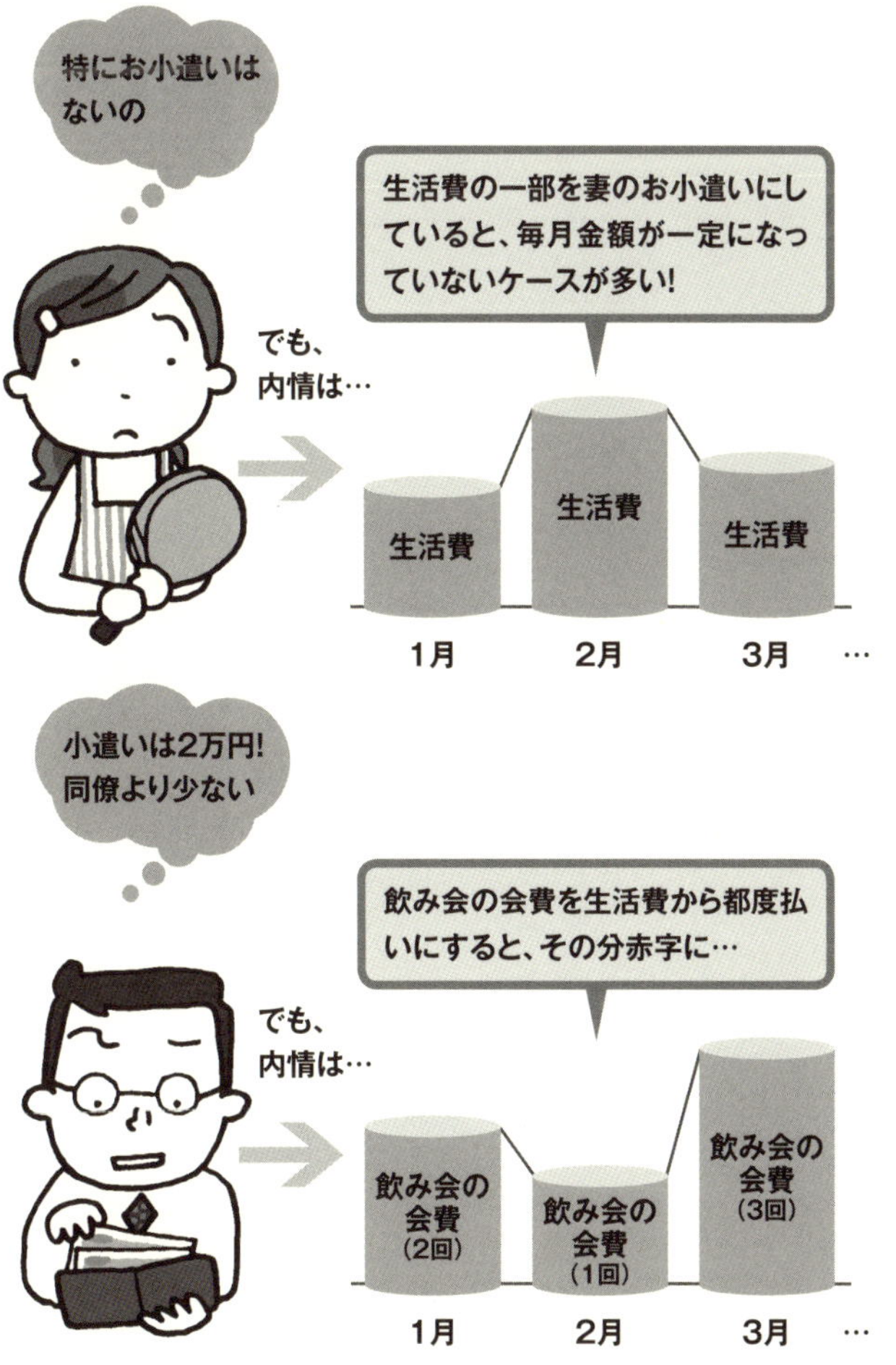

特にお小遣いは
ないの
生活費の一部を妻のお小遣いにしていると、毎月金額が一定になっていないケースが多い!
でも、
内情は…
生活費
生活費
生活費
1月
2月
3月
…
小遣いは2万円!
同僚より少ない
飲み会の会費を生活費から都度払いにすると、その分赤字に…
でも、
内情は…
飲み会の
会費
(2回)
飲み会の
会費
(1回)
飲み会の
会費
(3回)
1月
2月
3月
…

35

共働き夫婦は、積み立て額を情報共有し、「別名義」で貯蓄する

夫婦共働きの場合、お金の入り口が2つになるため、生活費や貯蓄の管理をどうすればよいかが悩みどころでしょう。大事なポイントは「積み立て額を話し合って決める」ことと「それぞれの名義で貯蓄しておく」こと、この2つです。

30代共働きカップルでよくあるのは、「夫は家賃と公共料金」「妻は食費」などと支出の分担を決め、残りはそれぞれが自由に使う、というパターン。お互いが貯蓄額を知らないというケースも少なくありませんが、「お金は相手が貯めているだろう」と思い込んで浪費する人もいるので、注意が必要。支出をある程度分担するのは構いませんが、情報を共有することが大切なのです。できれば年に1度は、世帯の年間の貯蓄額、月々の積み立て額について話し合いましょう。

また、「生活費は夫が担当し、妻の収入分は夫の名義ですべて貯蓄する」というパターンもよく見かけますが、このように貯蓄の名義を一人に集中させるのは避けるべきです。

人生は、何が起こるかわかりません。たとえば、夫が交通事故などで急に亡くなった場合、「2人で働いた結果として貯まった1000万円の貯蓄」であっても、夫名義の貯蓄であれば、

共働き家計は夫婦で積立額を話し合い「別名義」で貯蓄しよう

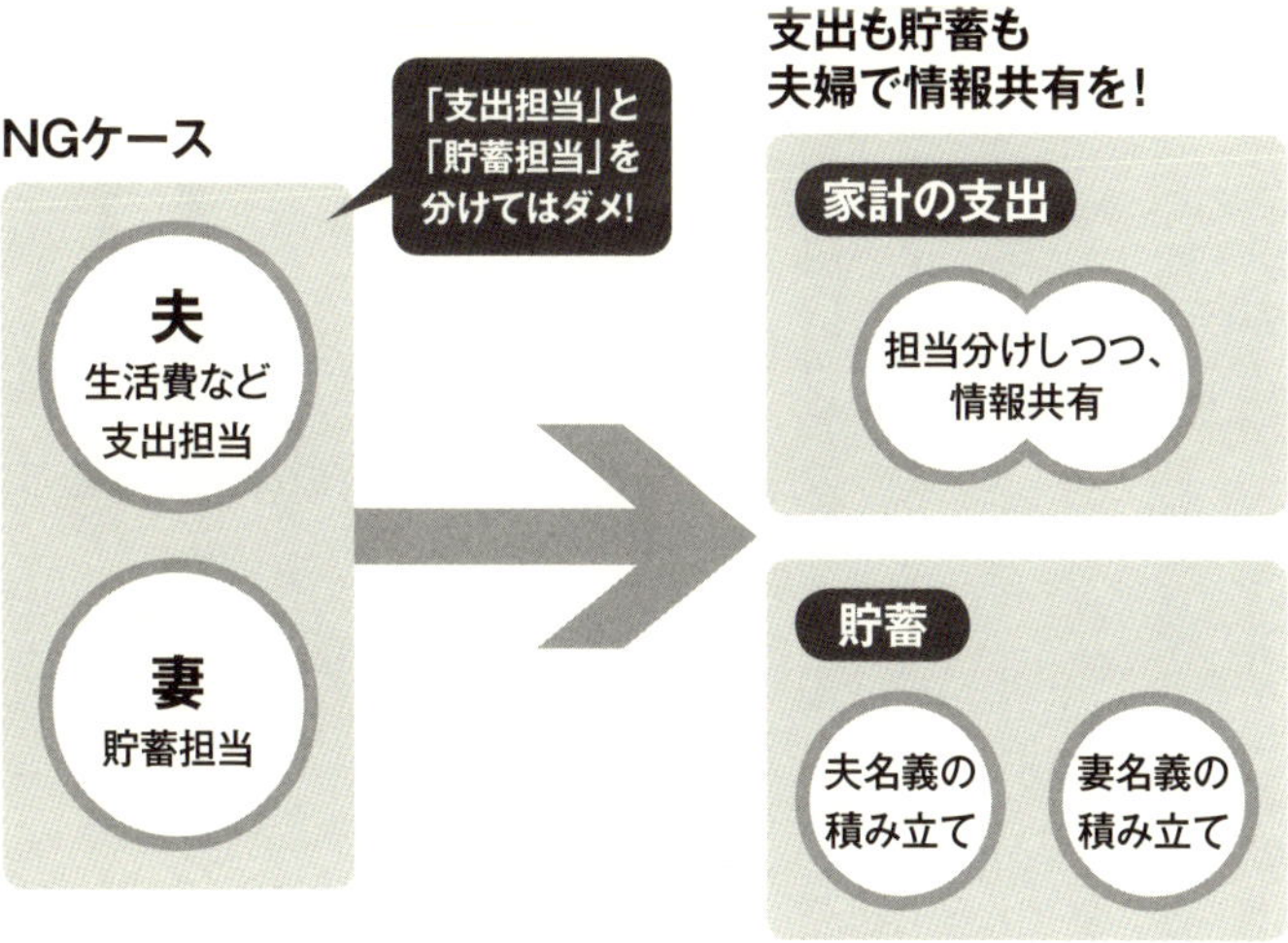
NGケース
「支出担当」と「貯蓄担当」を分けてはダメ!
夫
生活費など支出担当
妻
貯蓄担当
支出も貯蓄も夫婦で情報共有を!
家計の支出
担当分けしつつ、情報共有
貯蓄
夫名義の積み立て
妻名義の積み立て

それは夫の遺産となります。

夫婦に子どもがいないケースでは、亡くなった人の両親にも相続権が発生するのです。妻が「1000万円には自分が稼いだ分も入っている」と主張しても、名義が夫になっている以上、「本当は誰の資産か」を証明することは難しいでしょう。

マイホーム購入時の頭金も「誰のお金」かが重要になります。このときも「名義」に沿うことになるのです。

預金口座の名義は、実態に即すのが大原則。夫婦であっても、それぞれが働いて得たお金は、それぞれの名義の財産としてわけておくべきなのです。

36

給与が増えたときがチャンス！収入アップの分は積み立てへ

積み立て額は、一度決めてしまうとそのままになってしまいがちです。もちろん、収入や支出が大きく変わらなければそれでかまわないのですが、収支のバランスが変わったときはそれに合わせて積立額も見直さなくてはなりません。特に、**給料が増えたときは積極的に積み立て額アップを検討してみましょう。**収入が上がると支出を増やしてしまいがちですが、いったん生活サイズを引き上げてしまうと、元に戻すのはなかなか難しいものだからです。それを長年にわたって続けていけば、「自由になるお金がたくさんないと暮らせない体質」の出来上がり。目先はそれでなんとかなったとしても、そのまま老後を迎え、収入がダウンしたり、年金と貯蓄の取り崩しで暮らしていく時期に入ったりしたら、目も当てられません。

収入が伸びたら意識的に積み立てに充てれば、生活サイズを一定に保つことができますし、貯蓄ペースを上げていくことも期待できます。**「使っていいお金」を決めてその範囲で暮らす習慣は、老後の準備としても大切なポイント。**給料が上がったときは、このことを必ず思い出してください。

□ 収入がアップしたら、積立額もアップ

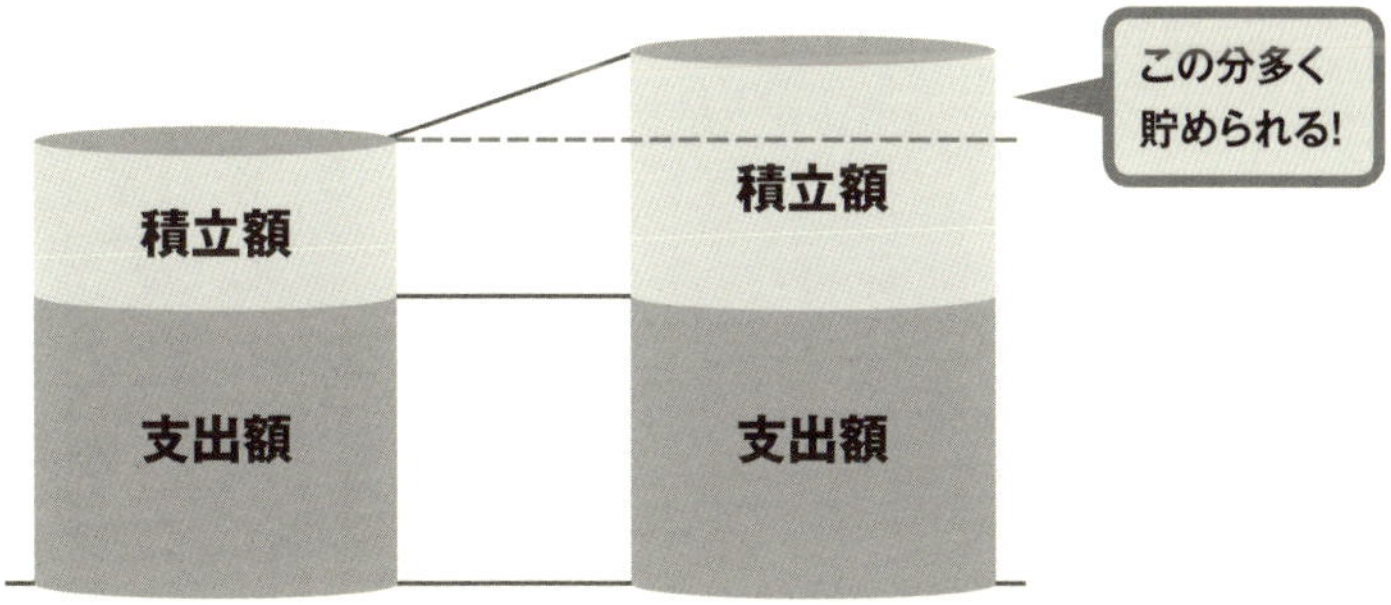
積立額
支出額
積立額
支出額
この分多く
貯められる!

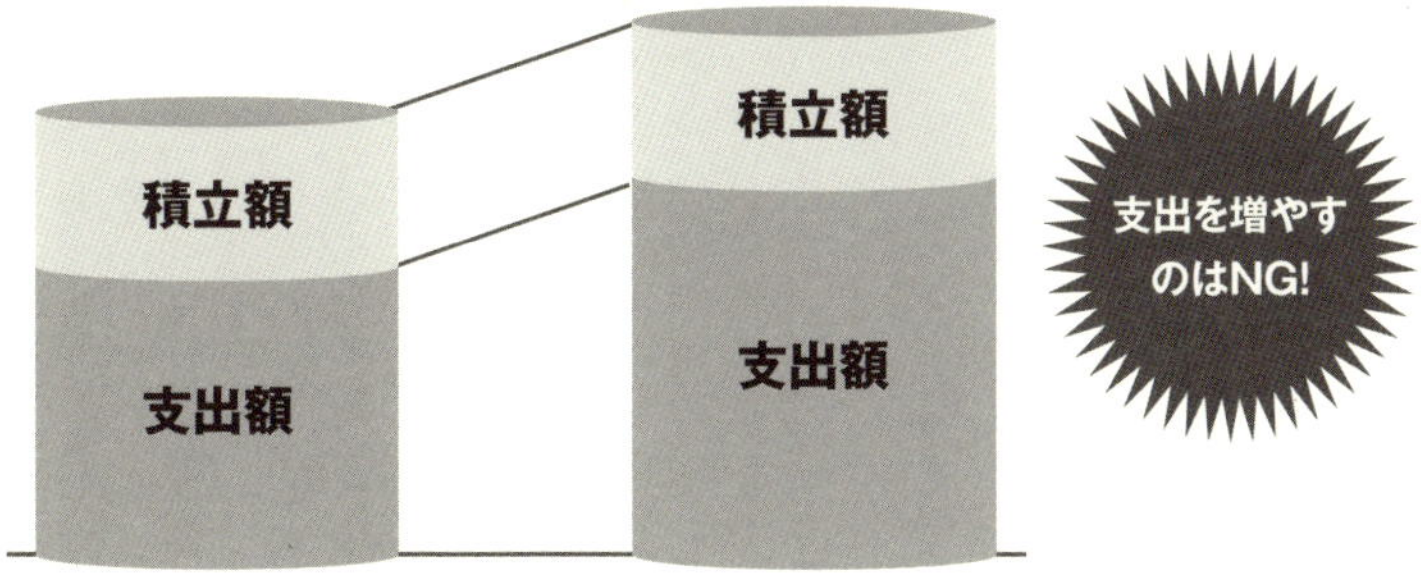
積立額
支出額
積立額
支出額
支出を増やす
のはNG!

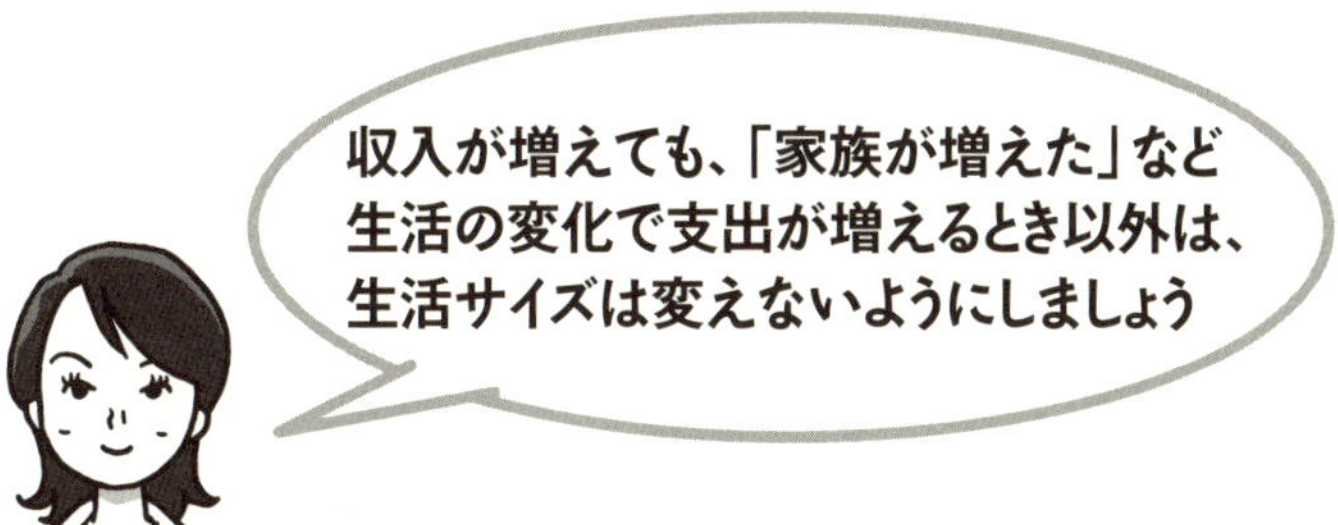
収入が増えても、「家族が増えた」など
生活の変化で支出が増えるとき以外は、
生活サイズは変えないようにしましょう

37

月間ではよく見えない支出は、項目をまとめて年間支出を確認する

「もう少し貯蓄ペースを上げたいけれど、家計のなかで見直せるポイントが見つからない」という人は、支出項目を「年間」でチェックしてみるのがお勧めです。

たとえば、携帯電話代。個別の明細を見ていると、「月に6000円くらいだし、いまどき必要なコストだから、まあいいか」などと思ってしまいがちです。しかし「通信費」という支出項目全体で見ると、固定電話代、プロバイダー料、ケーブルテレビ視聴料、モバイルPCのデータ通信料などで月に合計3万円くらいかけている人が少なくありません。これだけで、年間で36万円にもなります。こうして「年間」でいくらかかっているのかを計算してみると、「本当に通信だけに36万円ものコストをかける意味があるのか?」と考えるきっかけになるでしょう。「携帯電話の料金プランを見直してみよう」「ケーブルテレビと固定電話は、やめようかな」などと家計の改善策が見えてくるはず。

通信費のほか、「保険料」「クルマの維持費」「子どもにかかるお金」などは「年間」で把握する習慣をつけましょう。

□「月にいくら」でなく「年間」で見るクセをつけてみる!

例えば、年間の通信費を集計してみると…

夫の携帯電話料
月5000円

ひとつひとつは数千円でも、「通信費」でまとめると、月額3万円にもなる! 1年だと36万円!

プロバイダー料
月5000円

固定電話料
月4000円

モバイルPCのデータ通信料
月4000円

妻の携帯電話料
月7000円

ケーブルテレビ視聴料
月5000円

その他に「年単位」での金額をチェックすべき支出項目

- 生命保険料
- クルマ維持費
- 子どもにかかるお金は、それぞれの子ども単位で
（保育園か小学校かで、かかるお金が違うことを把握するため）
- 旅行、帰省代

38

お金の管理は「年間」でできれば合格。1年ごとに収支決算してみよう

収支を管理して一定額ずつきちんと貯められるようになったら、今度は1年ごとに家計の決算をする習慣をつけましょう。

ふだん収支管理をしっかり行っている人でも、「月」単位のお金の出入りは把握しているのに、「年」単位の総額となるとたんに即答できなくなるケースは少なくありません。「気になるこの支出、年間だといくらか」「貯蓄額は年間だと?」といったように、支出や貯蓄額を「年間」でとらえられるようになると、さらにお金に強くなることができます。たとえば貯蓄額を「年単位」で把握していると、10年後にはいくら貯まると簡単に予測できるようになるわけです。

理論上は155万円貯蓄できるはず。積立額をこれに設定したら、残りは全部使ってもいい

	毎月	年数回	年間
	3万円		36万円
	7万円		84万円
	12万円	30万円	174万円
	2万2000円	20万円	46万4000円
	1万8000円		21万6000円
	3万円		36万円
	3万円		36万円
	3万円		36万円
	1万円	20万円	32万円
		15万円	15万円
	36万円	85万円	517万円
	28万円	100万円	436万円
	18万円	20万円	236万円
	46万円	120万円	672万円
	10万円	35万円	155万円

年間収支を見る際のポイントは、おもに2つあります。1つは、先に見たように気になる項目ごとに**年間の支出の合計額を出してみる**こと。なんとなく使いすぎではないかと思う支出項目だけ抜き出して、1カ月でいくら、1年だといくら使っているのかを集計してみると驚くべき結果になるかもしれません。たとえば通信費、生命保険料、外食費などは、ぜひやってみてもらいたい項目。

もう1つのポイントは、毎月の支出のほかに、**年に数回の特別支出がどれくらいあるかを確認すること**。ボーナスでまかなえているかどうか、毎月の収支を圧迫していないかを見ておきましょう。不足しているようであれば、次の年はその分だけ一時的な貯蓄を増やす必要があるかもしれません。

下記の表は、2つのポイントを1枚に整理できる決算書のフォーマットです。ぜひ、参考にして

□ 決算をしてみよう

このうち気になる項目があったら、独立させて集計を。通信費や、外食費など

	項目	内容	
支出	生活費❶口座引落とし	公共料金、通信費など	
	生活費❷お財布	財布から出す現金	
	住居費	家賃または住宅ローン、管理費・修繕積立金、固定資産税、火災保険料など	
	車の維持費	駐車場代、ガソリン代、税金、保険、車検費用	
	生命保険料	民間保険の保険料（死亡・医療）	
	子どもの教育費	保育料や学費、塾や習い事のお金	
	夫の小遣い	定額以外に臨時支出があれば合計額を	
	妻の小遣い		
	その他支出	交際費、帰省費用など	
	その年だけの特別支出	家電買い換え費、旅行代など	
	(A) 支出合計額		
収入	夫の手取り収入		
	妻の手取り収入		
	(B) 世帯の手取り収入		
収支	(B)－(A) 世帯で貯蓄できる金額		

「お財布支出」とまとめてOK

子どもが2人なら2行に分けて

支出項目は一例なので、自由に設定してOK

ください。実際に決算書をつくる際は、最初のうちは手書きするのがお勧めです。手で数字を書くと、より一層、金額の重みを実感できます。

年間の決算を「見える化」する！
シートに書き込むだけで、年間の収支がわかる

決算では、生活費の内訳を細かく把握する必要はありません。「公共料金など、口座引き落とし分」「財布から出す現金」というようにまとめて記入すればＯＫです。また、決算書は年間のお金の出入りをつかむためのものですから、１円単位まで細かく数字を書き込まなくても大丈夫。必要に応じて１０００円～１万円単位で記入してください。

記入フォーマットで挙げた支出項目は一例なので、自分の家計に合わせて使いやすいように変更して構いません。「使い過ぎかもしれない」と気になる項目は、決算書のなかで独立した項目とし

	毎月	年数回	年間

て書き出したほうがいいでしょう。また、子どもが2人以上いる家庭なら、教育費は1人分ずつわけて記入してください。

決算書が完成すると、収入から支出を引くことで、貯蓄可能額を計算することができます。「世帯で貯蓄できる金額」どおり、お金を貯められているでしょうか？　なんとなく使ってしまった〝使途不明金〟が多いと、「本当は150万円貯められているはずなのに、120万円しか貯まっていない」といったように、「貯められたはずの額」と「実際の貯蓄額」に大きな差がついてしまう場合があります。「世帯で貯蓄できる金額」がわかったら、そこから逆算して積立額を見直しましょう。「貯められるはずの額」を強制的にためるようにすれば、無駄遣いを上手にカットできます。

決算をしてみよう

このうち気になる項目があったら、独立させて集計を。通信費や、外食費など

「お財布支出」とまとめてOK

子どもが2人なら2行に分けて

支出項目は一例なので、自由に設定してOK

	項目	内容	
支出	生活費❶口座引落とし	公共料金、通信費など	
	生活費❷お財布	財布から出す現金	
	住居費	家賃または住宅ローン、管理費・修繕積立金、固定資産税、火災保険料など	
	車の維持費	駐車場代、ガソリン代、税金、保険、車検費用	
	生命保険料	民間保険の保険料（死亡・医療）	
	子どもの教育費	保育料や学費、塾や習い事のお金	
	夫の小遣い	定額以外に臨時支出があれば合計額を	
	妻の小遣い		
	その他支出	交際費、帰省費用など	
	その年だけの特別支出	家電買い換え費、旅行代など	
	(A)支出合計額		
収入	夫の手取り収入		
	妻の手取り収入		
	(B)世帯の手取り収入		
収支	(B)－(A)世帯で貯蓄できる金額		

他人と自分を比較して焦る必要はない。メディアの情報は〝話半分〟に聞いておこう

お金の使い方や貯め方に気を配り始めると、雑誌などのメディアが取り上げる「節約のポイント」や「貯蓄術」が目に留まるようになるかもしれません。もちろん、メディアをチェックするのは悪いことではありませんが、情報との接し方には少し注意が必要なのも確か。ここでは、メディアの情報がどのようにつくられるのか、その情報をどう利用すべきなのかをお話ししておきたいと思います。

まず、メディアに登場する「節約上手な人」や「たくさんお金を貯めている家計」「借金だらけの夫婦」などは、かなり極端なケースであるということを知っておいてください。私は雑誌をはじめさまざまなメディアづくりにかかわる機会がありますが、その経験からいえるのは「メディアの作り手は、つねに企画にインパクトを持たせることを考えているものだ」ということ。たとえば雑誌の場合、誌面に読者事例として登場するのは、〝スーパー読者〟か〝超ダメダメ読者〟のどちらかに偏っているのがふつうなのです。

ところが、「30歳で１５００万円の貯蓄がある」「食費が月に１万円」などといった情報を目にすると、「同い年なのに、もうそんなにお金を貯めている人がいるのか」

「ウチはまだまだ節約が足りないな」などと自分のケースと比較し、焦ってしまう人もいるようです。もちろん、特別な人と自分を比べてもあまり意味はありませんし、「自分だけがお金を貯められていないのでは」などと不安に思う必要もありません。「メディアの情報は、割り引いて聞いておくくらいでよいのだ」とこころえておきましょう。

もう1つお話しておきたいのは、こうした情報を見る場合、大事なのは結果よりもプロセスである、ということです。

一般に、読者は「いくら貯めたか」「支出はどれくらいか」といった数字に注目するもののようです。しかし、あなたにとって本当に必要な情報は、そこにはありません。他人のマネーライフから学ぶことがあるとすれば、「なぜその貯蓄額や支出額になったのか」、つまり貯め方や支出カットの方法にこそ注目すべきでしょう。

目を引く見出しや表ばかりでなく、本文を読んでみてください。そこには、家計管理の工夫のポイントや、節約の秘訣が書かれているはずです。「なるほどなぁ」と思わせられるポイント、自分ができそうなことや「やってみてもいいかな」と思えることを見つけて初めて、その情報を活かせたことになるのです。

第4章

なぜ、40代バブル世代は稼いでいるわりに、お金が貯まらないのか

39

40代バブル世代の家計は〝隠れメタボ〟！反面教師にすればお金は貯められる

バブル世代は、若いころにお給料が右肩上がりにアップしてきた、恵まれた世代。ところが、バブル世代の相談をたくさん受けてきた経験からいうと、家計の状態があぶなくなっている人は少なくありません。生活スタイルを聞けば、とてもお金に苦労しているとは思えないのに、フタをあけると「毎月の収支の赤字をボーナスで埋めてなんとかやりくりしている」「年間収支がマイナスになって貯蓄ができていない」といったケースがゴロゴロしているのです。**いってみれば、40代バブル世代の家計は〝隠れメタボ〟と同じ。**

〝隠れメタボ〟率は、年収が多い人ほど高い傾向にあります。私がマネー相談を受けてきた実感では、〝収入の割に貯蓄がびっくりするほど少ない3大業界〟は、新聞社とテレビ局、そして大手商社。みんな、収入が多いことでよく知られている業界ですよね。バブル世代だと、年収が1000万円を超えているのがふつうです。ところが、それだけ給料をもらっていても、彼らはお金を貯めることができていないのです。3大業界以外でも「貯まらない」要因はほぼ同じです。

バブル世代の〝生態〟を冷静に分析してみると、「真似をしてはいけないポイント」がたくさん見つかります。30代のみなさんは、せっかく反面教師がすぐ近くにいるのですから、その〝生態〟を知って同じ轍を踏まないようにすることが必要です。

40代バブル世代の家計は〝隠れメタボ〟と同じケースが多発!

外から見えないけれど、
家計の内情は…
「支出が多く、お金が貯まらない」
収入はそこそこあっても
実は「隠れメタボ」家計なのです

40 年収1000万円あっても「お金に困っている」「将来が心配」な理由

バブル世代が貯蓄できない原因は、「年収が高いのだから、それ相応の〝ちょっといい暮らし〟ができるはずだ」という思い込みにあります。

年収が1000万円のケースで、典型的なパターンを見てみましょう。税金や社会保険料を引くと、手取り年収は750万円くらい。「生活費が月20万円」「マンションのローン返済が月々10万円、ボーナス時返済20万円、管理費や固定資産税などが年40万円」「子ども2人を私立中学に進学させたら、年200万円」「夫の小遣いなど、その他の支出が月に8万〜10万円」……などと〝ちょっといい暮らし〟を積み重ねれば、750万円なんてあっという間になくなってしまいます。

みなさんは、「収入が1000万円もあれば、〝ちょっといい暮らし〟は許されるはずだ」と思うかもしれません。しかし、〝ふつうの暮らし〟を〝ちょっといい暮らし〟にすると、お金は簡単になくなってしまうもの。こうした〝ちょっといい〟生活スタイルが定着したところに、子どもが大学生になって教育費がかさむなど支出が増える要因が加わると、年間収支は簡単に赤字に陥ってしまいます。

30代のみなさんは、今後収入が増えたとき、バブル世代のような「〝ちょっといい暮らし〟の思い込み」にはまらないよう、注意が必要です。

■ 年収1000万円でもお金が残らない理由

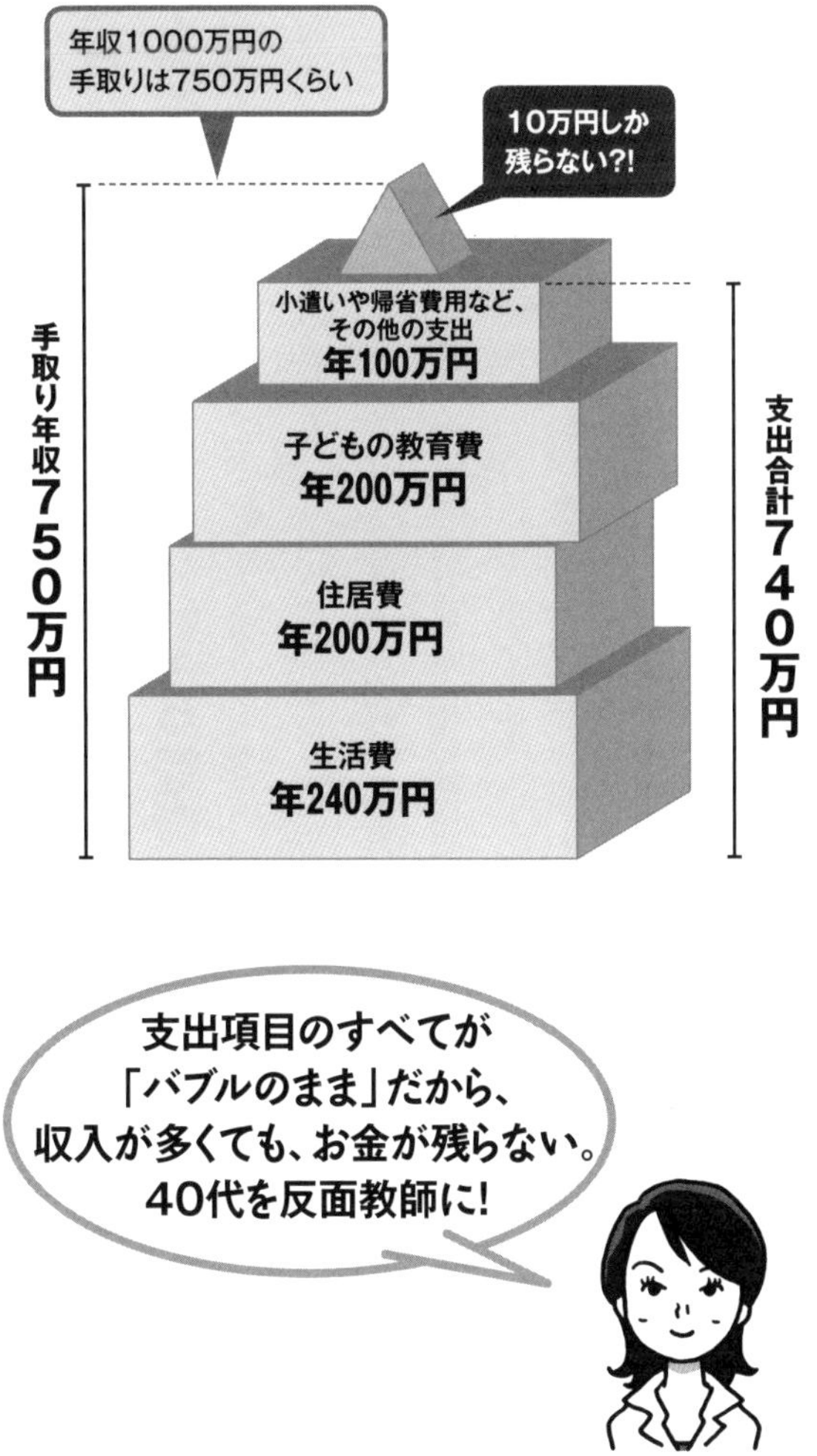

年収1000万円の
手取りは750万円くらい
10万円しか
残らない?!
小遣いや帰省費用など、
その他の支出
年100万円
子どもの教育費
年200万円
住居費
年200万円
生活費
年240万円
手取り年収750万円
支出合計740万円
支出項目のすべてが
「バブルのまま」だから、
収入が多くても、お金が残らない。
40代を反面教師に!

41

30代は絶対にマネしてはいけない！バブル世代が「貯められない」5つの習慣

バブル世代がお金を貯められない理由は、おもに5つあります。

1つめは、クルマの所有です。最近は若者のクルマ離れが進んでいますが、バブル世代にとって、相変わらず「クルマは持つのが当たり前」。維持費やクルマの買い替え費用も「かかって当たり前」という感覚です。

2つめに、バブル世代の妻はほとんどが専業主婦であることが挙げられます。共働き世帯と比べて妻の収入があてにできないのはもちろん、専業主婦は働く女性に比べ年金額が少ないのでリタイヤ後の世帯収入にも影響を及ぼします。

3つめは、高い保険料を払っていること。バブル世代には、大手生命保険会社の営業職員から勧められるままに、無駄だらけの保険に加入している人がたくさんいます。背景には、「大手の保険だから安心だ」という、バブル世代に特徴的な〝ブランド志向〟があるようです。

4つめは、ボーナスに頼りすぎた住宅ローンを組んでいること。景気が良かった時代に借りているので、いまではあまり利用されない「ボーナス返済」の金額が多いことが特徴です。景気悪化でボーナスがずいぶん減ってきているので、ローン返済が家計を圧迫しています。

5つめは、教育費にお金をかけすぎること。バブル世代は、子どもを小学校や中学校から私立に通わせる人が多く、中学受験に備えるため、塾代に糸目をつけない人も少なくありません。

30代は、この5つを「やらない」ことが大切。家計の破綻を避け、お金をラクに貯めることができます。

バブル世代がお金が貯まらない5つの理由

① クルマ所有は当たり前

② 妻は専業主婦

③ 大手生保の高い保険に入っている

④ 住宅ローンのボーナス返済が多額

⑤ 子どもの教育費にお金をかけすぎ

30代は、バブル世代を反面教師にすると、お金が貯まる!

42

クルマの支出は年間約100万円！年収100万上げるのと、どっちが楽？

公共交通機関が発達している地域に住んでいる人であれば、クルマは持つべきではありません。

バブル世代の人は、住宅購入の相談で「住宅ローンの返済額が多いので、クルマを手放したほうがいいですね」などとアドバイスすると、「ゴルフに行くのに他人のクルマに乗せてもらいたくない」といった理由で渋る人が少なくありません。どうも、バブル世代には「マイカーを持つのは大人として当然」という気持ちがあるようです。

しかし、クルマは高い維持費がかかるもの。月々の支出だけを見ていると維持費の高さに気づきにくいのですが、ガソリン代、駐車場代、自動車保険料、税金、車検代などを足し合わせると、首都圏なら年にだいたい50万円は必要です。**クルマをローンで買って月々4万円支払うとすると、クルマ関連の支出だけで年間100万円もかかる計算。**

もちろん、クルマなしでは生活できない地域に住んでいる人もいるでしょう。その場合も、クルマにかかるコストを聖域化せずにチェックするクセをつけてください。**クルマに余分なお金をかけないライフスタイルを選んでこそ、〝バブル世代とは違う、賢い30代〟になれるのです。**

クルマにかかるお金、ひとつずつはちょっとなんだけど…

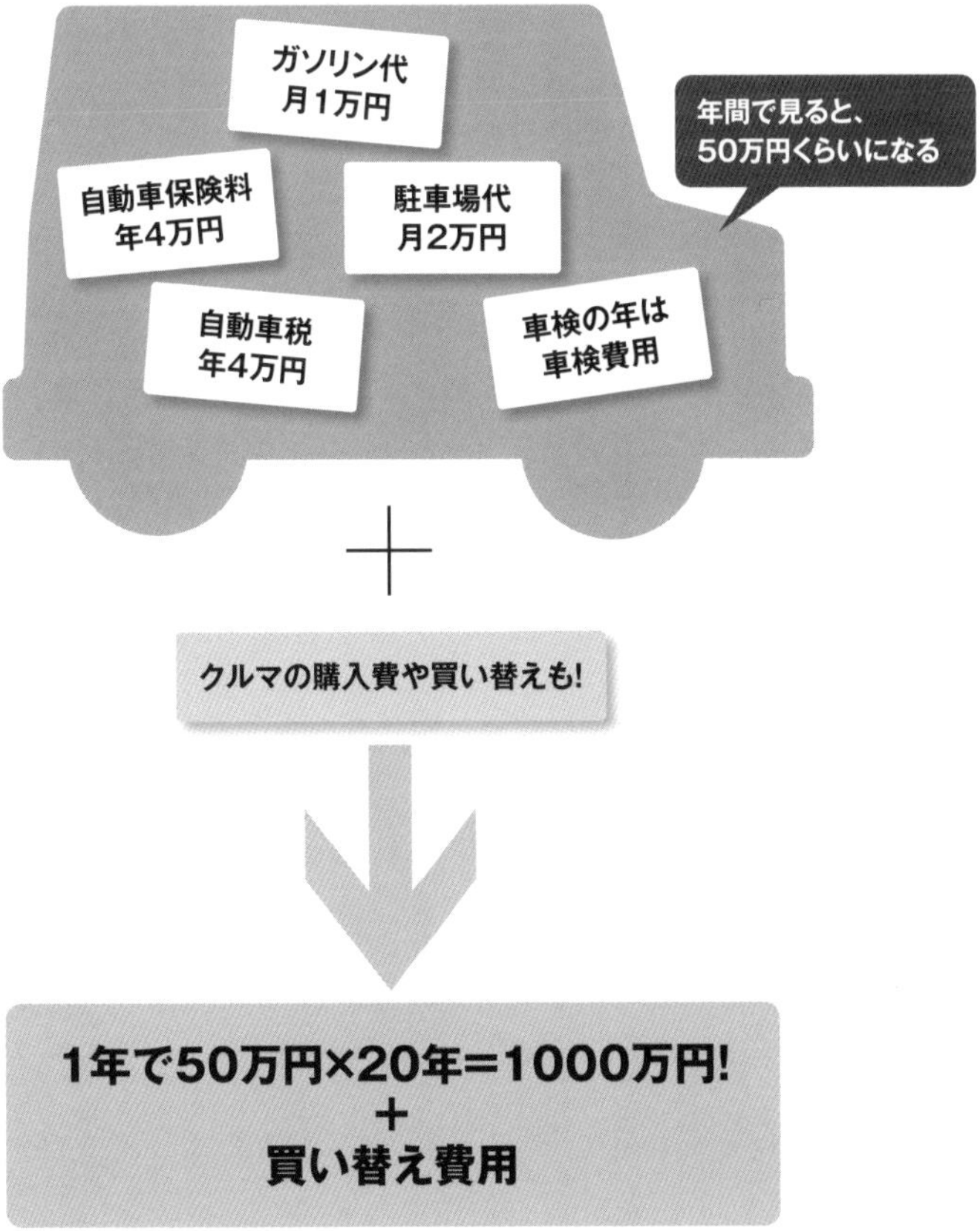
ガソリン代
月1万円
年間で見ると、
50万円くらいになる
自動車保険料
年4万円
駐車場代
月2万円
自動車税
年4万円
車検の年は
車検費用
クルマの購入費や買い替えも!
1年で50万円×20年＝1000万円!
＋
買い替え費用

43 クルマを持たずタクシー活用～年間50万円分乗り放題！タクシーを使っておトクで便利な生活をする

クルマはできるだけ持たずにすませましょうというお話をすると、「小さい子どもがいるから、クルマがないと不便」という人がいます。確かに子どもが小さいと、ちょっとした移動でもクルマがあったほうが助かりますよね。急に子どもの具合が悪くなって、病院に連れていかなければならないときもあるでしょう。

このような場合、私は「どんどんタクシーを使うこと」を勧めています。タクシーを使うのは贅沢だと感じる人が多いようですが、**実は、クルマを持った場合のコストと比べてみると、タクシーにじゃんじゃん乗ったほうがずっとおトクな場合が多いのです。**

クルマは、購入費用を除いた維持費だけで、年50万円くらいかかります。1年間＝51週間ですから、クルマの維持費分があれば、週1万円タクシー代にかけられる計算。週５０００円のタクシー代ですめば、クルマを持つのと比べてコストは半分になります。

私のＦＰ仲間の友人で、首都圏のベッドタウンに住んでいる人がいます。ショッピングセンターや病院に行くにはクルマがないとちょっと不便な土地ですが、彼女は子育て中もクルマは持たず、もっぱらタクシーを利用。「いつも同じタクシー会社に頼むから、呼べばすぐ来てくれるし、運転手さんとは顔見知り。マンションの4階まで迎えにきてベビーカーを運んでくれる」のだそうです。マイカーを持つより、ずっと合理的だと思いませんか？

年間25万円も節約できる

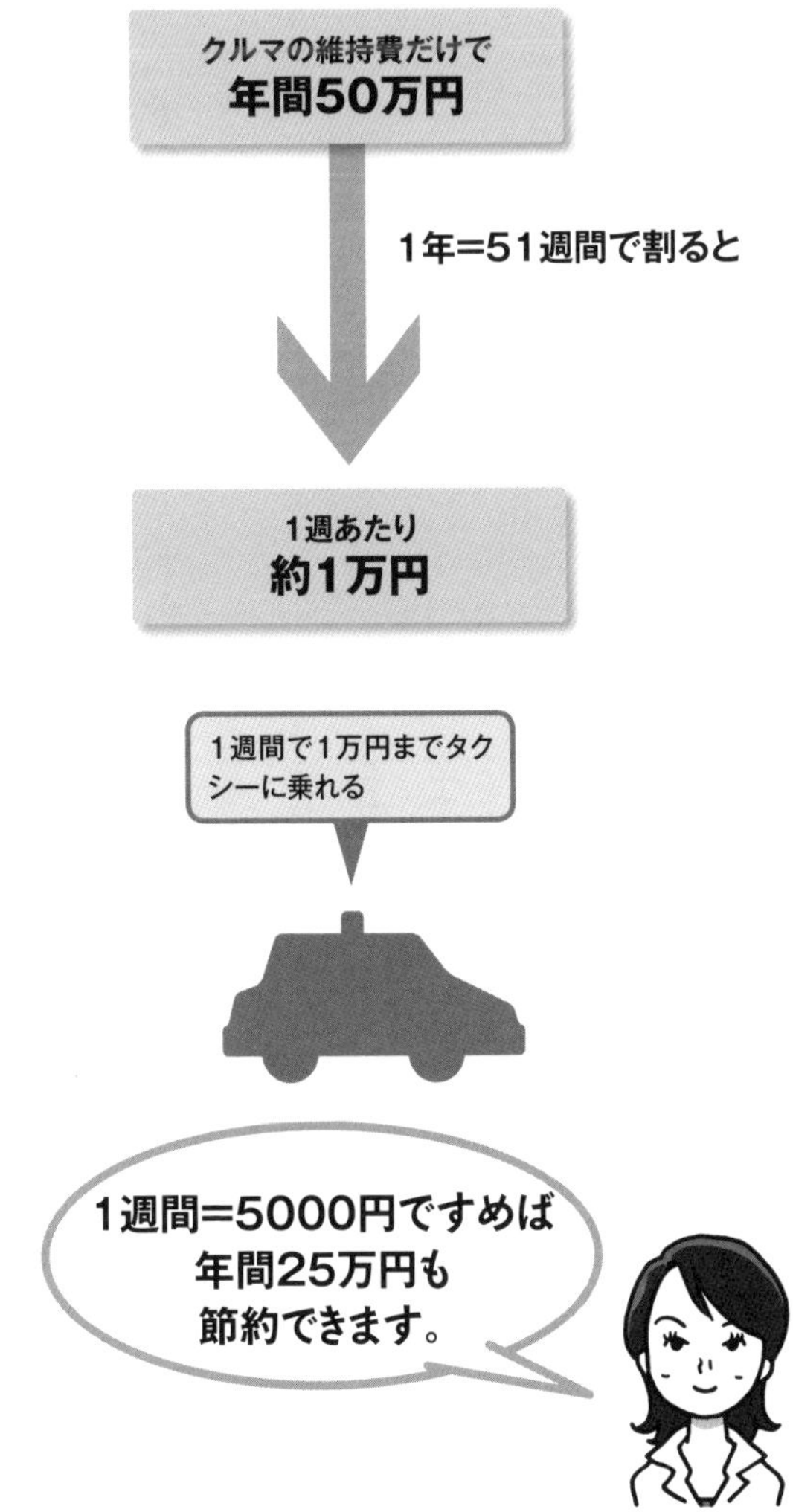

クルマの維持費だけで
年間50万円
1年=51週間で割ると
1週あたり
約1万円
1週間で1万円までタクシーに乗れる
1週間=5000円ですめば
年間25万円も
節約できます。

44

シングル女性必見！ 結婚、出産を乗り越えて「細く長い」働き方ができれば、年収は下がらない！

バブル世代の家計の弱みとして、妻の多くが専業主婦だという点が挙げられます。

結婚と同時に家庭に入った女性たちも、子どもが小学校に入るころには「子育ても一段落したし、私も働きたい」と思う人が少なくありません。しかし残念なことに、結婚や出産でブランクがあくと、その年数に応じてビジネスパーソンとしての女性の市場価値は下がっていきます。もちろん、どこにいっても通用するようなスキルやキャリアがあれば話は別ですが、多くの場合、既婚女性は「ご主人の収入があるのだから生活に困るわけではないだろう」と〝企業から足元を見られる〟ものです。「結婚と同時に退職し、ちょっと生活が落ち着いた頃に独身時代と同じ貿易事務の仕事で派遣登録したら、フルタイムで働いても収入が独身の頃の3分の1にしかならなかった」……こんなケースは、いやというほどあります。理不尽なことですが、**女性の場合、結婚しただけで市場価値が大幅に下がってしまうという現実を知っておかないと、同じ共働きをするのでも家計の収入に大きな差がついてしまいかねません。**

女性が結婚後のキャリアプランを考える際は、少し先のことまで見据える必要があります。結婚前に産休・育休制度の整った会社に転職するのが理想。そうすると、市場価値が下がらないまま仕事を続けることができます。出産等で辞めざるを得なかった人は、スキルダウンを避けるためにもできる限り早く復職を試みるといいでしょう。

□ 女性は結婚で市場価値が下がる

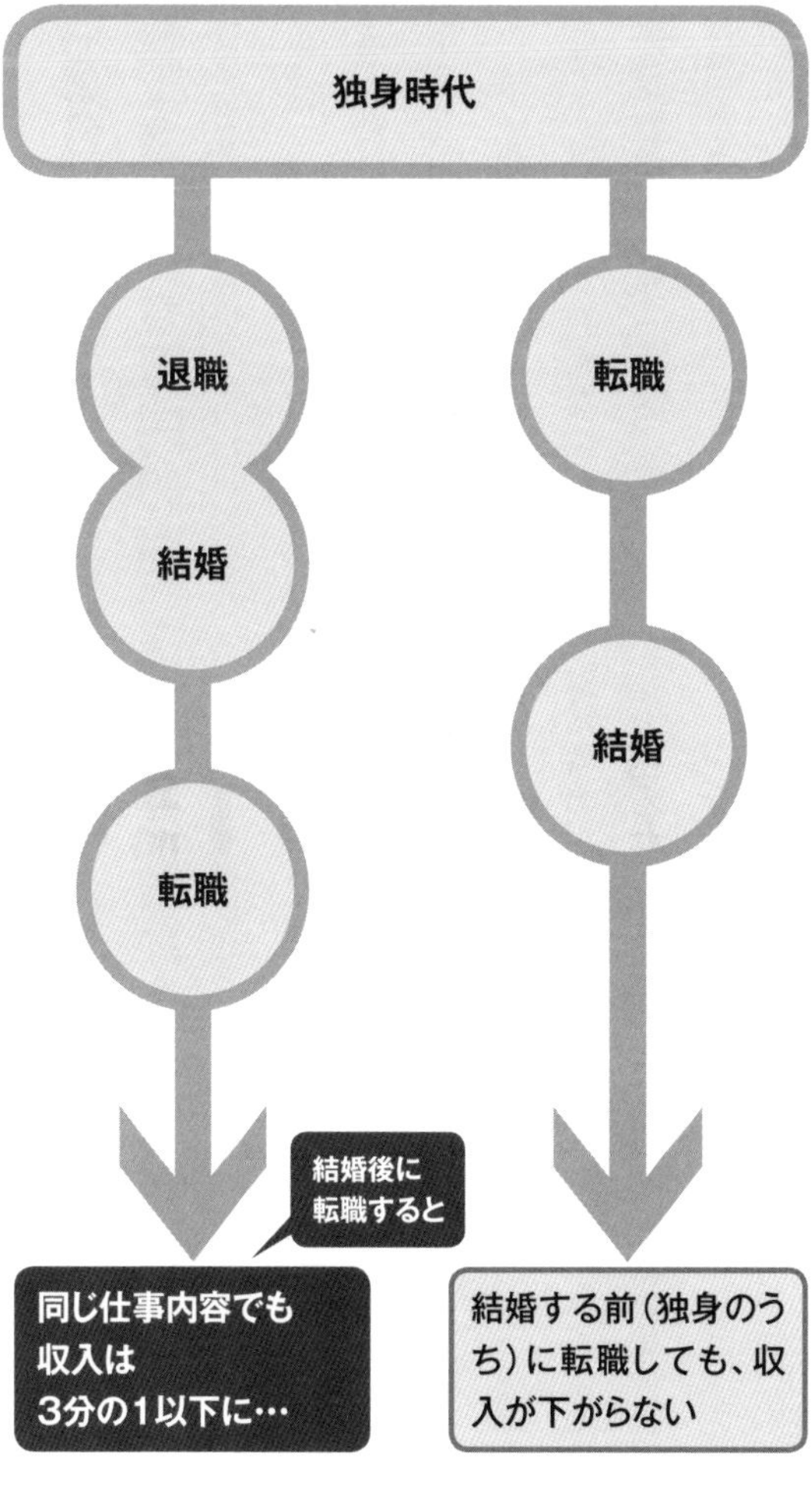
独身時代
退職
結婚
転職
転職
結婚
結婚後に転職すると
同じ仕事内容でも収入は3分の1以下に…
結婚する前（独身のうち）に転職しても、収入が下がらない

45

年収200万円でも正社員ならば、パートとは30年で3000万円の差、プラス年金が大幅増額になる！

バブル世代の妻は、子どもの教育費がかかるようになると、パートで働き始めます。しかし、正社員で働き続けるのと比べると、収入には大きな差がついてしまいます。

正社員とパートの給与水準に差があることももちろんですが、理由はそれだけではありません。主婦がパートで働く場合は、どうしても「夫の扶養の範囲内に収まるようにしよう」と考えるものなのです。このため、**どんなに能力のある女性でも、年収100万円くらいになるように勤務時間などを調節するのが一般的。**夫の扶養から外れても損をしなくなるのは年収140万円以上が1つの目安なのですが、「そこまでは頑張らなくてもいいかな」と思ってしまうのです。

一方、妻がずっと働く、または結婚や出産で一時的に仕事を離れても、会社員や派遣社員で復帰すれば、少なくとも、年収200万円以上は確保し続けることができるでしょう。その差は、10年で1000万円、30年で3000万円にもなります。さらに、妻自身が将来受け取る年金額もアップしますから、「バブル世代のパート妻」と「30代の正社員妻」の格差は想像以上に大きいのです。

◻ 女性は「ずっと働く」ことがポイント

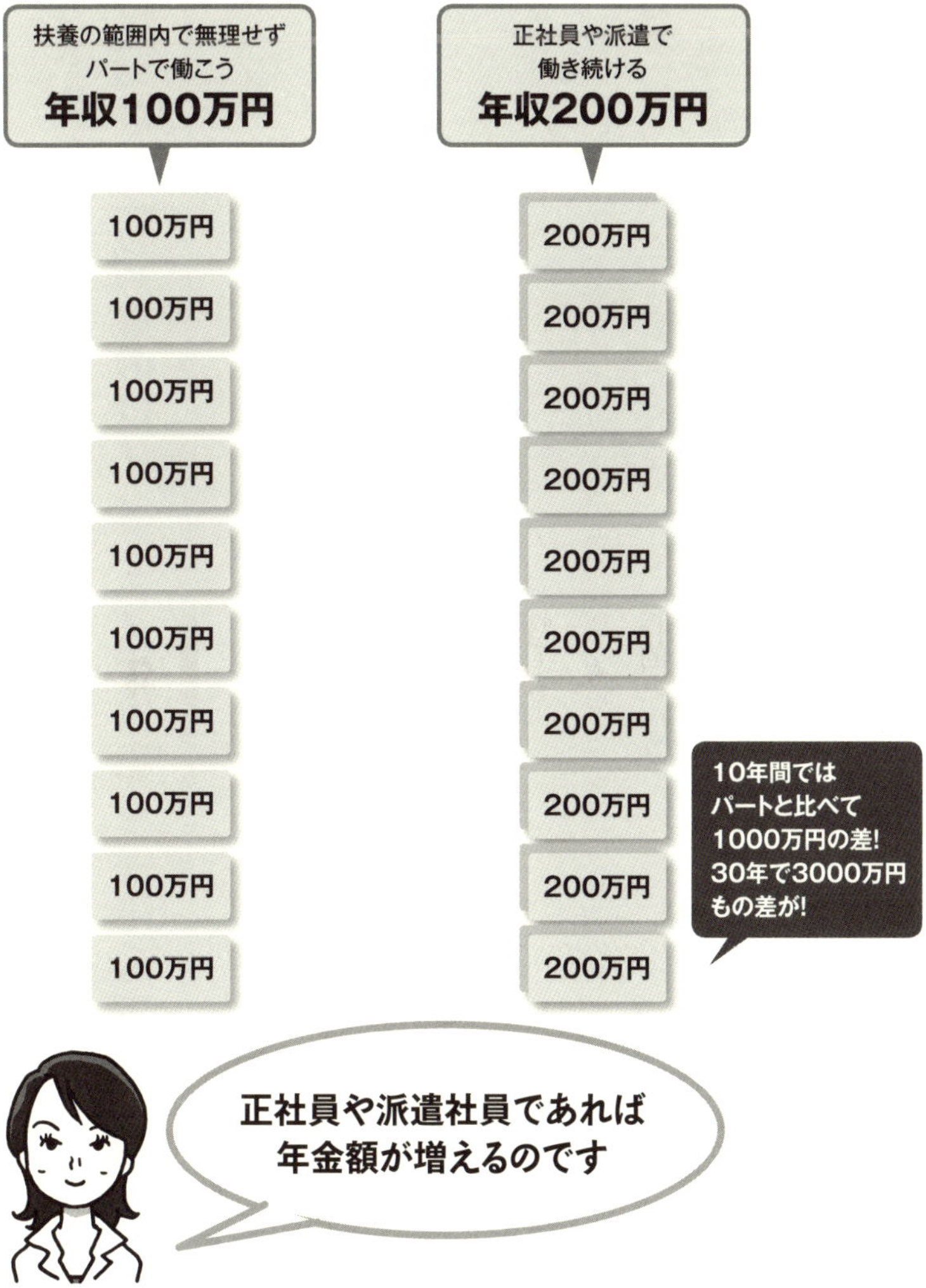
扶養の範囲内で無理せず
パートで働こう
年収100万円
100万円
100万円
100万円
100万円
100万円
100万円
100万円
100万円
100万円
100万円
正社員や派遣で
働き続ける
年収200万円
200万円
200万円
200万円
200万円
200万円
200万円
200万円
200万円
200万円
200万円
10年間では
パートと比べて
1000万円の差!
30年で3000万円
もの差が!
正社員や派遣社員であれば
年金額が増えるのです

46

ネット生保VS大手生保はズバリどっちが得か？
生保選びで大切なのはイメージではなく保障内容と保険料

バブル世代は「安い保険は安心できない」「大手の保険会社の商品のほうがいいに決まっている」といったイメージにとらわれ、勧められるままに大手生保の商品に加入している人が少なくありません。

しかし、日本の大手生命保険会社が勧める商品の多くは、無駄な保障がたくさんセットになっているという特徴があります。営業職員が売っているため、販売コストがかかることもあり、保険料も割高です。

それに対して、ネット通販を主力とする生命保険会社の商品は、保障内容がシンプルなものが中心。販売コストも低く抑えられていますから、保険料もかなり安くなっています。冷静に比較すれば、ネット生保のほうが理にかなっていておトクなのです。

世の中にはブランドによって資産としての価値が上がるたぐいのものも存在しますし、高度な技術を必要とする製品であれば、「大手企業のもののほうが信頼できる」という考えも成り立つかもしれません。**しかし生命保険や医療保険に関していえば、大手の商品を選ぶメリットは、ほ**

とんどありません。冷静に商品の中身（保障内容）とコスト（保険料）を比較し、無駄な支出を抑えることが大切です。

どっちの保険を選ぶ?

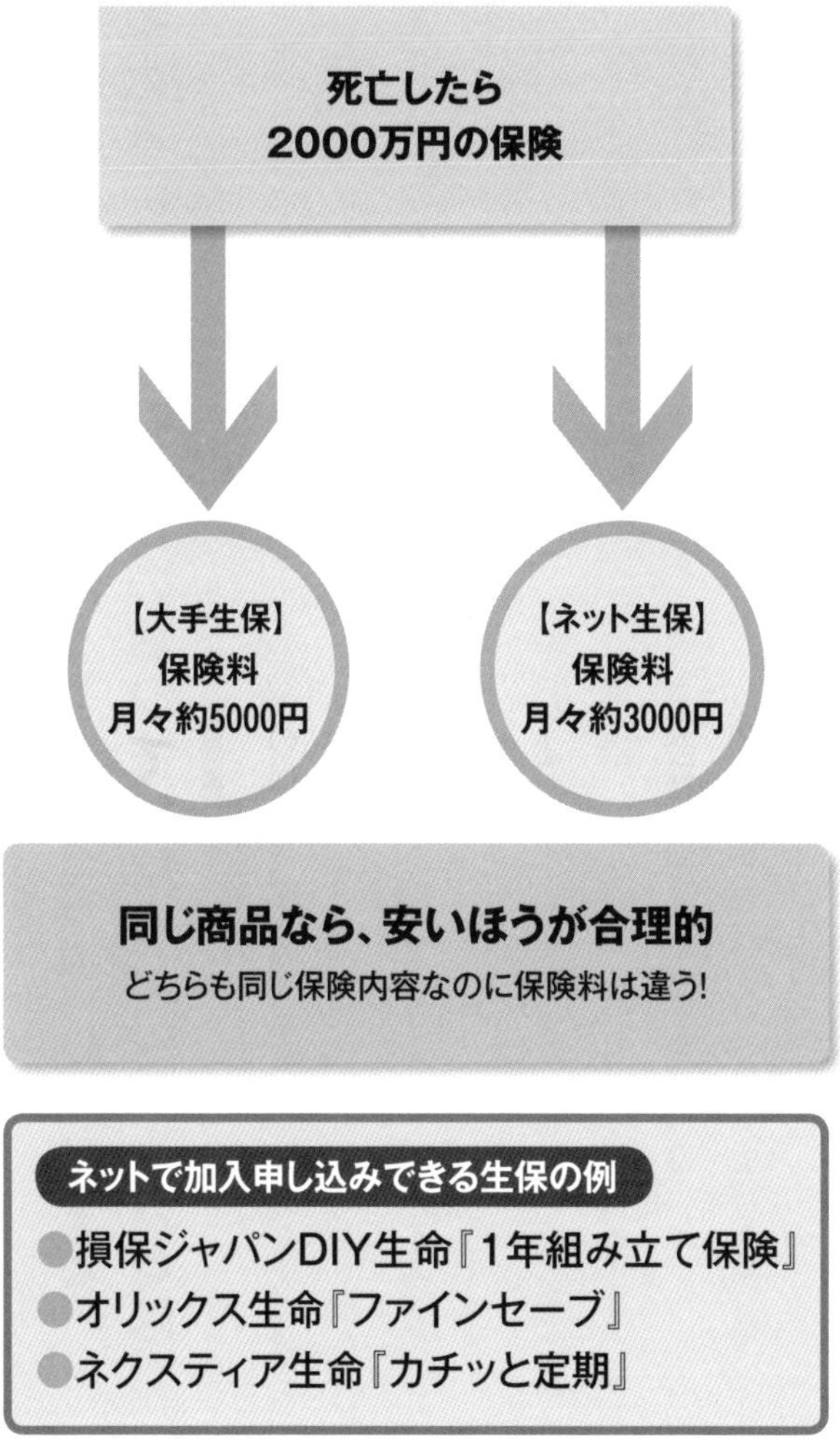
死亡したら
2000万円の保険
【大手生保】
保険料
月々約5000円
【ネット生保】
保険料
月々約3000円
同じ商品なら、安いほうが合理的
どちらも同じ保険内容なのに保険料は違う!
ネットで加入申し込みできる生保の例
●損保ジャパンDIY生命『1年組み立て保険』
●オリックス生命『ファインセーブ』
●ネクスティア生命『カチッと定期』

47

バブル世代の住宅ローンは「ボーナス返済」に頼りすぎ。ボーナスに頼らない30代の賢い住宅ローンの組み方とは

バブル世代が持つ住宅ローンは、「ボーナス返済」に頼りすぎているのが特徴です。景気が良かったときにローンを組んでいるため、ボーナス分が1回30万円といったケースは少なくありません。毎月返済分が10万円なら、ボーナスの月は40万円払う計算になります。いまの30代がローンを組むならば、多額のボーナス返済は避けたほうが賢明です。

ボーナスの比重が高いということは、景気悪化によりボーナスがカットされたり、思ったように昇給しなくなると、返済計画が大きくくるって家計に響きます。さらに、40代に差しかかり子どもが私立中学に通い始めると教育費がかさみ、家計はダブルパンチを受けることに……。こうなると、老後に向けてお金を貯める余裕はほとんどなく、住宅ローンの繰り上げ返済もできない、ということになります。

バブル世代の家計診断をしていると、何の根拠もなく「何とかなる」と思っている人が少なくありません。しかし、計算してみると、定年退職を迎える時点までにろくな貯蓄ができず、多額の住宅ローンが残ることが判明するのです。

バブル世代は住宅購入でも“無計画”で失敗している

無計画その❶

ボーナス返済に頼りすぎの住宅ローン

➡ 景気の悪化・ボーナスカットで
ボーナス返済分が家計の大きな負担に

無計画その❷

子どもが2人とも私立中学に…

➡ 公立小学校２人で年60万円だったのが、
私立中学にいくと２人で年250万円に！
貯蓄ができず、繰り上げ返済もできない

無計画その❸

「定年後まで残るローン」

➡ 何とかなると思っているけれど、
どうやって「何とかする？」

48

公立中か私立中か？　30代は子どもが小学生までに、進路や将来のおおまかな見通しをつける！

バブル世代がお金を貯められない大きな理由の1つに、無計画に子どもの教育費をかけていることが挙げられます。30代は、子どもが小学生のうちに教育費支出が今後どれくらいかかるかを考え、私立に行かせるか公立を選ぶか、方向性を決めておくことが必要です。

教育費は、ある程度はかかって当然。しかし、「子どもにはやってあげられるだけのことをしたい、お金をかけるのは当たり前」という親心から、後先のことを考えずに私立中学に進学させる人は少なくありません。首都圏などでは周囲に私立校を受験する子どもが多く、「ほかの子がうけるなら、うちの子も……」という気持ちになる人も多いようです。

しかし、子どもが私立校に行けば、教育費の負担は非常に大きくなります。たとえば中学校の場合、公立なら学費は年50万円程度ですが、私立は約125万円です。子ども2人を私立に通わせれば、年間250万円かかります。

実際にどれくらいのお金がかかるかを把握しないまま、「あのうちも子どもを私立に通わせられているのだから、うちだって大丈夫なはずだ」などと安易に考えるのは危険。実際、子どもを私立中学に入れ、家計に余裕がなくなる事例は後を絶ちません。大学進学に向けた教育費の貯蓄ができなくなっては、元も子もないのです。

中学は、公立か私立か、あらかじめ費用を知っておこう

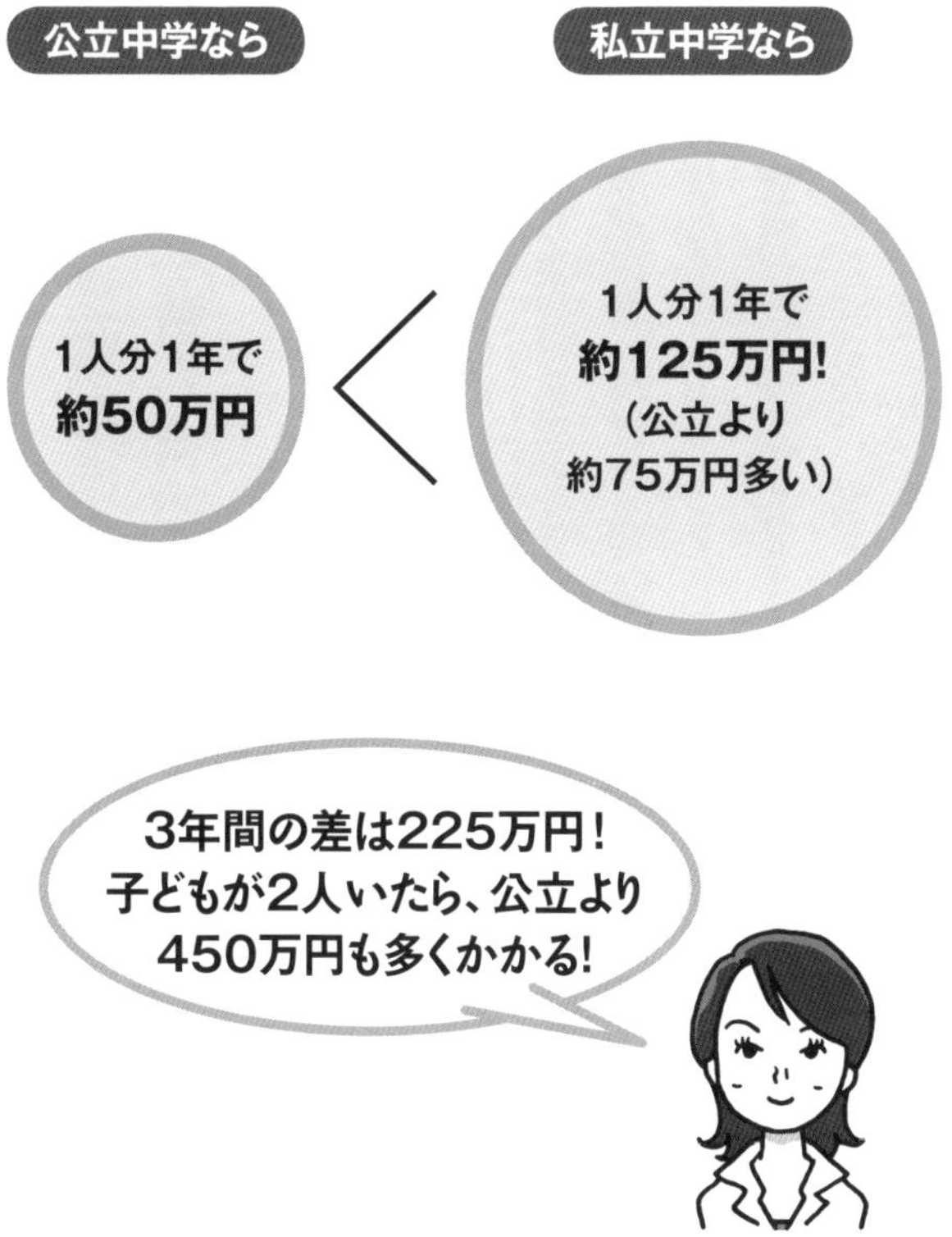
公立中学なら
私立中学なら
1人分1年で
約50万円
1人分1年で
約125万円!
(公立より
約75万円多い)
3年間の差は225万円！
子どもが2人いたら、公立より
450万円も多くかかる!

49

「中学受験」は、受験準備だけで最低300万円。中学校からの学費も含めて計画を

子どもが私立中学に進学する場合、教育費負担として考えておかなければならないのは、中学校入学後の学費だけではありません。

中学受験するとなれば、だいたい小学校4年生くらいから塾に通わせるのが一般的です。そして、塾で受講する科目の数は、小学校4年生、5年生、6年生と学年が上がるにつれて増えていきます。夏休みには夏期講習を開講する塾も多く、塾代は年々、上がっていくものです。また、中学受験は5～6校受けることも少なくありませんから、受験そのものにかかる費用もばかになりません。こうした費用は、小学4～6年生の3年間で、およそ300万円かかるといわれています。

また、実際に私立中学に入ると、年間の学費等の出費は約125万円で公立校よりも75万円ほど多くかかります。それに加えて、修学旅行が海外だったり、学校が寄付金を募ったりすると、年間の出費が150万円を超えることもめずらしくありません。学費だけを見て、「なんとかなるだろう」と甘い判断をくだしてはならないのです。

私立中学受験費用は、小学校4年生からかかる!

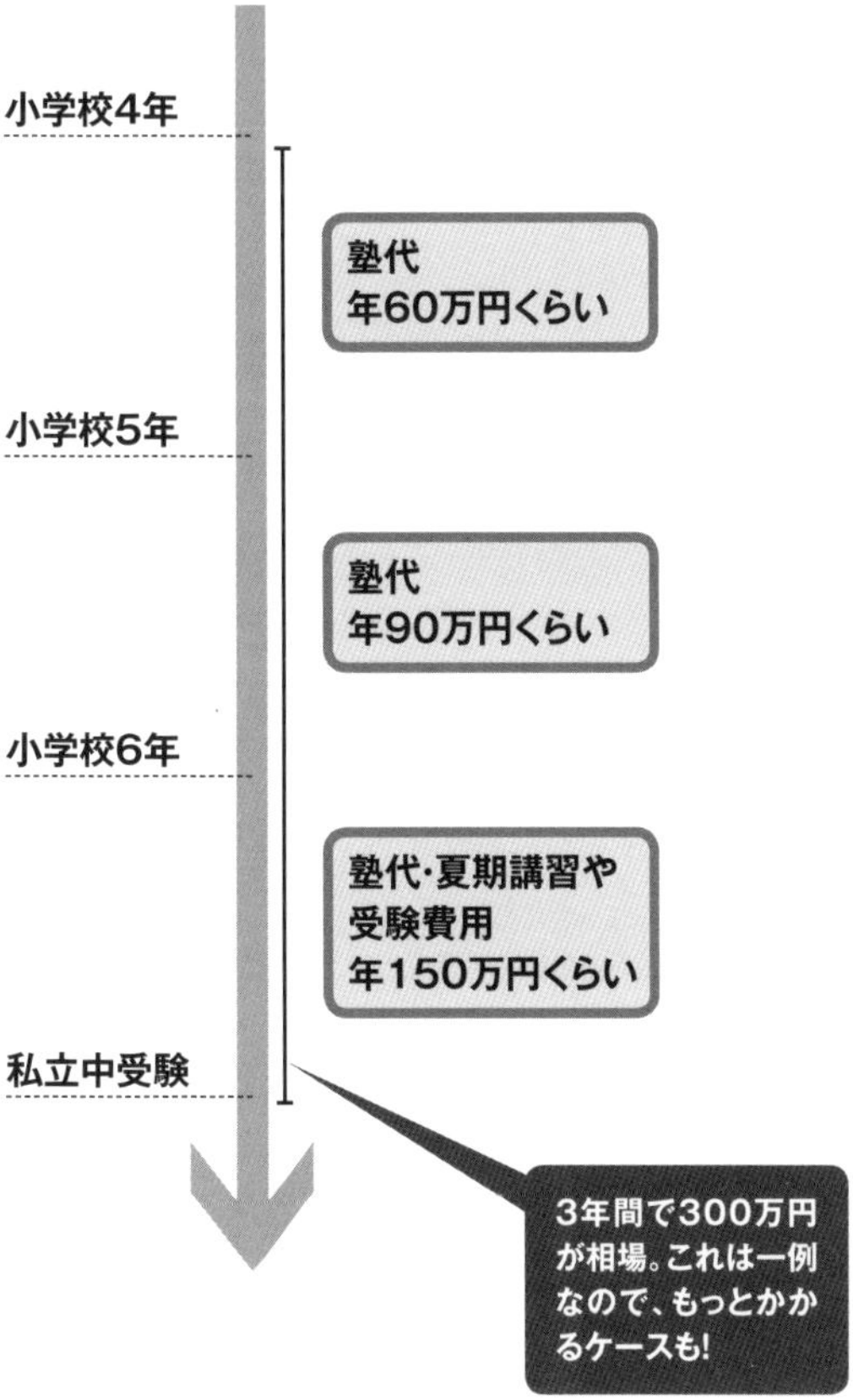
小学校4年
塾代
年60万円くらい
小学校5年
塾代
年90万円くらい
小学校6年
塾代・夏期講習や
受験費用
年150万円くらい
私立中受験
3年間で300万円
が相場。これは一例
なので、もっとかか
るケースも!

50

教育費は子どもが高校までは生活費から捻出しよう この期間で貯金ができないのは、家計の破綻の第一歩

近年は、1人めの子どもを私立中学に入れたものの、ボーナスカットなどで家計に余裕がなくなり、2人めの子どもに受験をあきらめさせるというケースが少なくありません。下の子どもだけ我慢させるようなことになっては、かわいそうですよね。子どもの教育環境を整えてあげるのが重要であることはもちろんですが、進学先は、先々にかかる費用をきちんと計算したうえで決断することが大切です。

「どんな教育プランなら子どもの教育費をまかなえるのかがわからない」という場合、まずは中学、高校、大学で必要な費用を調べてみましょう。そのうえで、中学校から大学までの教育費を積算してみます。子どもが2人いれば、もちろん2人分、見積もってください。ざっくりとした目安としては、小学校から高校まで公立、大学だけ私立（文系）に行った場合、必要な教育費は約884万円ほどです。これが小学校は公立、それ以降はすべて私立（文系）となると、約1250万円となります。

必要額を積算したら、「これだけのお金をかけながら、積立貯蓄を続けられるか」を考えましょ

□ 教育費は大学卒業までトータルでイメージする

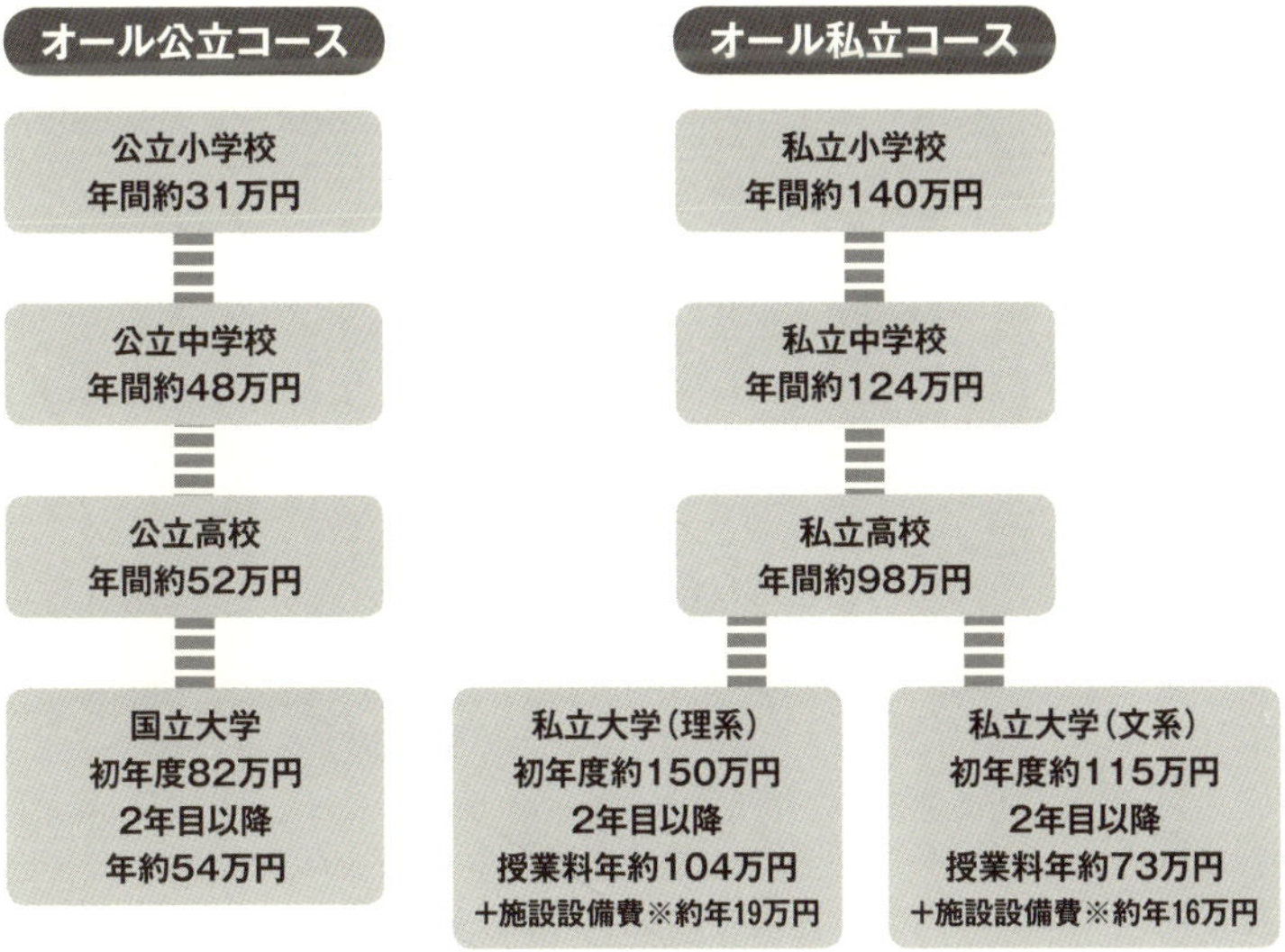

オール公立コース
公立小学校
年間約31万円
公立中学校
年間約48万円
公立高校
年間約52万円
国立大学
初年度82万円
2年目以降
年約54万円
オール私立コース
私立小学校
年間約140万円
私立中学校
年間約124万円
私立高校
年間約98万円
私立大学（理系）
初年度約150万円
2年目以降
授業料年約104万円
＋施設設備費※約年19万円
私立大学（文系）
初年度約115万円
2年目以降
授業料年約73万円
＋施設設備費※約年16万円

う。教育費は、目先の学費が払えるかどうかばかり気にしてしまいがちですが、子どもが小学生なら、中学進学の先に高校、大学が控えていますから、その分のお金を貯めておかなくてはなりません。自分たちの老後に向けた貯蓄も、もちろん継続する必要があります。子どもが大学に通っている間は年間収支がマイナスになるのも致し方ありませんが、**高校までの間に収支がマイナスに陥れば、家計が維持できなくなる可能性が高いと考えましょう。**

上記データは、文部科学省　平成20年度「子どもの学習費調査」と国立大学の授業料その他の省令及び「私立大学等の平成20年度入学者に係る学生納付金等調査結果」より（小学校～高校は、学校教育費と給食と学校外活動費の合計額）※私立大学の「施設設備費」は2,3,4年生でもほぼ同額程度かかる大学、入学時のみの大学がある。本文では2年め以降もかかったとして試算

お金に関する話は夫婦間の意思疎通が大事。いつまでも〝仲良しカップル〟でいよう

結婚している方の家計の相談を受ける場合、私は必ず「ご夫婦で一緒に来てください」とお願いしています。これは、お金に関する話では、夫婦間の意思疎通がとても大切だからです。夫婦のいずれか1人がどんなに真剣にお金のことを考えていても、もう1人が浪費していたのでは、意味がありませんよね。もちろん、住宅ローンをどれくらい借りていくらの家を買うのか、子どもの教育をどうしていくのかなど、現状や将来のことを双方がきちんと理解したうえで、納得のいく方針を決められるようにしなくてはなりません。

この点、30代のカップルを見ていると、「この世代は、夫婦間でよく話し合いができているのが強みだな」と感じることが少なくありません。相談にはほぼ100%、一緒に来てくれますし、他人である私の前でもお互いを名前で呼び合う〝仲良しカップル〟が多いのです。

一方、バブル世代の場合は「必ず2人で来てください」といっても夫婦がそろわないケースが少なくありません。これが、実は家計の〝危険信号〟。

たとえば、「教育費のことは妻に任せきり」という夫婦はめずらしくありませんが、

一般に、女性は子どものこととなると理性より気持ちが勝ってしまいがち。「いまできることならば、やってあげたい」と、先を見通すことなく教育にお金をつぎ込むのです。一方、男性は仕事を通じて長期的にものを考えるトレーニングを積んでいるためか、「小学4年生でこれだけお金がかかるなら、中学校ではどれくらいになるのか」「2人めの子が中学生になったら……」などとイメージできる人が多いように感じます。相談を受けていて、「しっかり夫婦で話し合ってさえいれば、家計の問題を早い段階で解決できたのに」と思うことは珍しくありません。

また、お金の管理を一方が担っている夫婦にもリスクがあります。お金の管理をしているほうが先に亡くなった場合、遺された人は大変です。「夫が急逝したが、お金のことはすべて夫に任せていたので何もわからず困っている」という相談を何度か受けたことがありますが、彼女たちは、貯蓄がどれくらいあるのか、夫や自分がどんな保険に入っているかなど、なにひとつ知らず途方にくれていました。

私はこれまでの経験から、夫婦がお互いの情報を開示しあい、話し合いができているケースでは、家計の問題が少ないものだと実感しています。30代カップルは、これから子育てなどで忙しくなるかもしれませんが、今後も夫婦2人で協力しあい、風通しのよい家計管理を続けていってください。一緒に時間を重ね、40代、50代になっても何でも相談できる〝仲良しカップル〟を目指しましょう。

第5章

知れば1200万円トクをする！
30代の保険の選び方、入り方

51

保険は「必要な分だけ買う」。コツを押さえれば保険料は1200万円もカットできる！

生命保険は「社会人になったら1つくらい入っておくものだ」などといわれます。「保険に入っているのが当たり前」「加入しておけば安心」というイメージを持っている人も少なくないようです。

実際、大手の生命保険会社の営業職員は、「これさえ入っておけば、安心ですよ」といって、さまざまな保障がついた〝セット商品〟を勧めるのが一般的。そして、いまの40代、50代の人たちは、勧められるままにこうした〝セット商品〟に加入しています。

しかし、〝セット商品〟には不要な保障がたくさんついているもの。その分、保険料負担が重くなります。たとえば、夫婦ともに大手生保の〝セット商品〟と、別途がん保険に加入すると、1カ月あたりの保険料は2人で4万円くらい。更新していくと生涯に支払う保険料は、2100万円を超える計算。一方、「必要な分だけ」保障を買えば、1カ月あたりの保険料負担は夫婦で2万円弱に抑えることができ、生涯に支払う保険料は約900万円となります。**コツを押さえて保険に加入するだけで、なんと1200万円以上も世帯の支出をカットできるのです。**

30歳から79歳までの夫婦2人分の保険料比較 その差はなんと1200万円

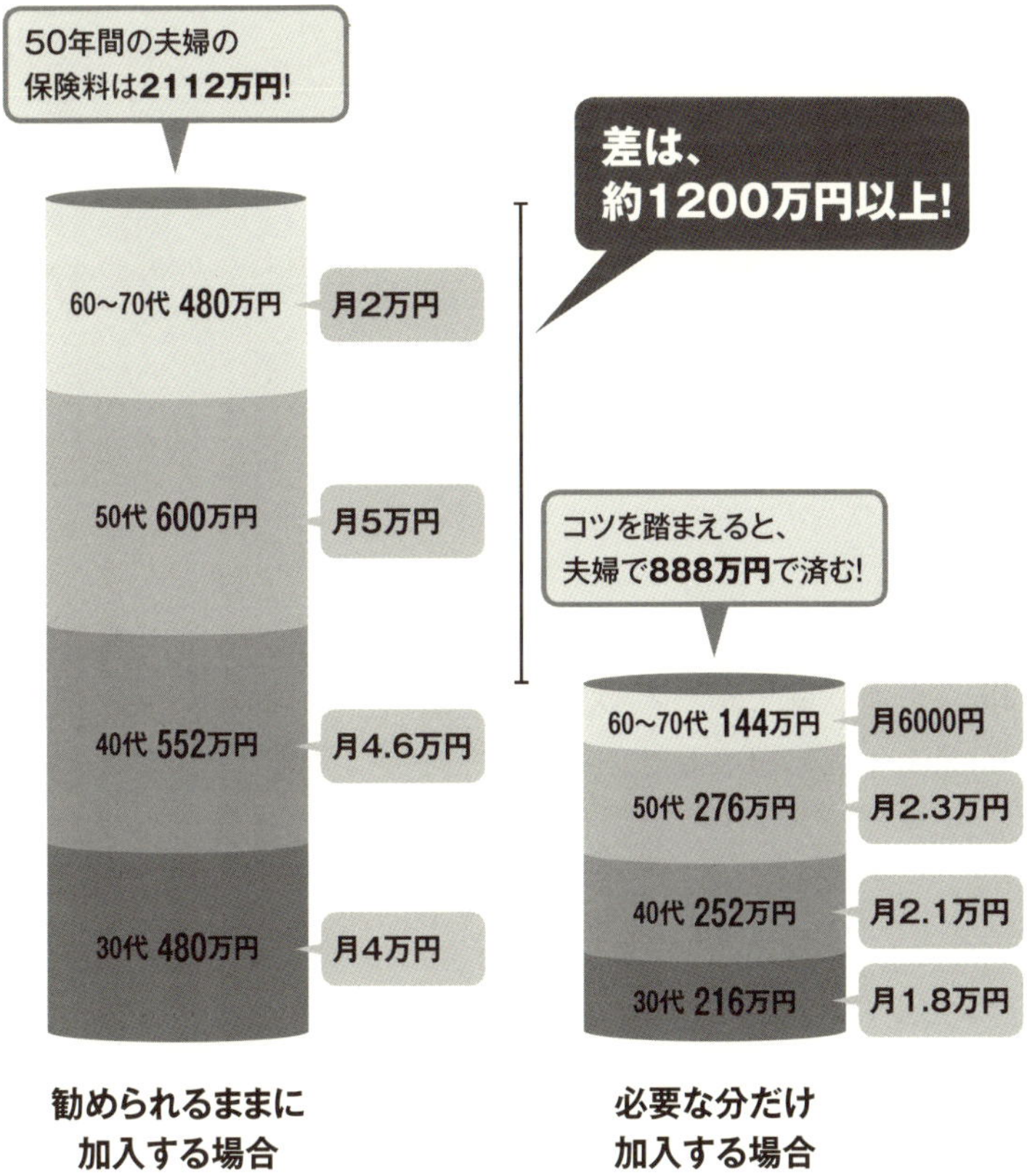
50年間の夫婦の保険料は2112万円!
差は、約1200万円以上!
60~70代 480万円
月2万円
50代 600万円
月5万円
40代 552万円
月4.6万円
30代 480万円
月4万円
コツを踏まえると、夫婦で888万円で済む!
60~70代 144万円
月6000円
50代 276万円
月2.3万円
40代 252万円
月2.1万円
30代 216万円
月1.8万円
勧められるままに加入する場合
必要な分だけ加入する場合

52

保険料は人件費分、おトク！シンプルな商品をネットでダイレクトに買おう

保険料を安く抑えるには、インターネットでダイレクト販売されている保険を選ぶのがコツです。

30代のみなさんは、ショッピングをするとき、ネットでほしい商品の情報を調べて価格を比較する習慣が身についているのではないかと思います。たとえば同じ電化製品でも、デパートより家電量販店に行ったほうがぐっと安い値段で買えるのは、もはや〝常識〟でしょう。同じ価値のものを買うなら、ネットでより安く買えるお店を探したほうがおトクであることはいうまでもありません。

保険を買うときも、同じことがいえます。「ネット生保」と呼ばれる生命保険会社は、大手生命保険会社に比べると知名度はありませんが、余計な保障がついていないシンプルな商品を取り扱っています。**ネットでダイレクト販売しており、人件費を抑えていることもあって、同じ保障を買うなら大手生保より保険料がだんぜんおトク。**「必要な保障を、必要な時期だけ」買うには、ネット生保を選ぶのが正解です。

◻ ネットで入れる保険は、経費が安い〜保険料のしくみ

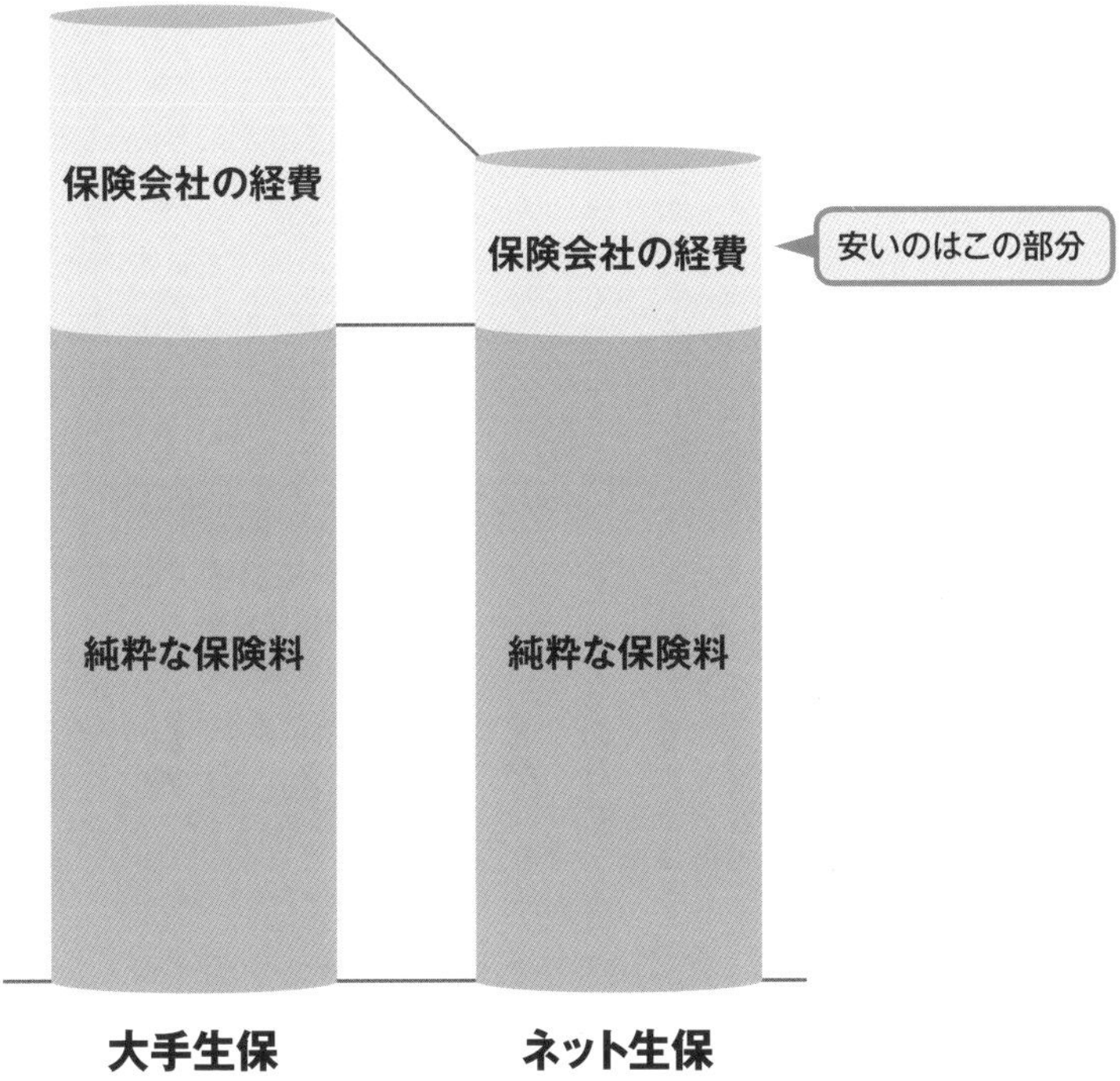
保険会社の経費
保険会社の経費
安いのはこの部分
純粋な保険料
純粋な保険料
大手生保
ネット生保

保険金等を支払うための保険料は、どこの会社もほぼ同じ金額。
保険会社の経費は各社異なる。
ネット生保は、営業職員等の人件費を抑えているため保険料が安い

53

生命保険で必要なのは「死亡保障」か「医療保障」のみ。目的別に別々の商品で加入しよう

生命保険について考えていくにあたって、最初にはっきりと認識しておかなければならないことがあります。それは、生命保険商品は「保険料」というコストを払って保険会社から「死亡保障（死んだら保険金がもらえる）」か「医療保障（入院した場合などに給付金がもらえる）」を買うためのものだ、ということ。

たとえば、あなたが働いて家計を支え、子どもを育てている場合、もしあなたが亡くなれば家族の生活費や子どもの教育費が不足する可能性があります。そのような〝万が一〟の場合に備えて、「死亡したら3000万円の保険金が受け取れる」といった「保障」を、保険料を払って買うわけです。

生命保険は、「心配だから」「万一のときのために」といった漠然とした目的で入るものではありません。「死んだら、経済的に困る人がいる場合」と、「病気やけがで入院したら、経済的に困る場合」に、それに備えることを目的として加入すべきものです。**生命保険の目的は「死亡保障」か「医療保障」である**、と覚えておきましょう。さらに「死亡」と「医療」は、後で見直し

がしやすいように、別々に加入するのもポイント。大手生保の商品はセットになっていますが、ネット生保はそれぞれ単体で販売しています。やはり、ネット生保に軍配が上がります。

保険は「死亡に備える」ものと「病気に備える」ものへ別々に加入

一番のポイントは、成人していない子どもがいるかどうか

民間の死亡保険

「死亡または高度障害状態のとき」に保険金が出る。
その人が亡くなって経済的に困る人がいる場合に必要

民間医療保険は、入院または手術をしたときにお金がもらえるもの。外来での医療費はカバーできない

民間の医療保険

「入院したとき、または手術を受けたとき」に給付金が出る。
貯蓄で医療費がカバーできないとき、貯蓄がまだ貯まっていないときに必要

54

「独身」と「結婚しても子どもナシ」は医療保険のみでOK。子どもができたら死亡保障を追加しよう

30代の人が自分に必要な保障を考える際は、おもに「独身か既婚か」「共働きかどうか」「子どもがいるかどうか」が判断基準になります。

まず、あなたが独身で、養っている人がいない場合は、「あなたが死んで経済的に困る人」がいないのですから死亡保障は不要。医療保険だけ加入しておけばOKです。

結婚していても、妻も正社員の共働きで子どもがいない場合は、基本的に死亡保障は不要です。**「結婚後も、共働きで子どもがいなければ、医療保険だけでいい」**と覚えておきましょう。もし妻が専業主婦で、夫の収入で生活しているという場合は、夫の死亡に備える必要があるかもしれません。とはいえ、妻1人なら働きに出るなどして生活していくことも可能なはずですから、死亡保障をたくさん用意する必要はありません。妻がパートやアルバイトで収入が少ない場合は、多少の死亡保障を準備します。

子どもが生まれたら、「あなたが死んだら、生活費や教育費などで経済的に困る人」ができるわけですから、**子どもが独立するまでの間は「死亡保障」が必要な時期といえます。**医療保障に

加えて、死亡保障を確保しましょう。

　こうしてみると、医療保障はある程度長期にわたって準備しておくものといえますが、死亡保障は必要な時期が限られていることがわかります。大手生命保険会社が勧める〝セット商品〟の場合、基本的に「死亡保障だけやめて医療保障を残す」といったことができません。「必要な保障を、必要な時期だけ買う」ためには、「死亡保障」と「医療保障」は、それぞれ〝単品〟の保険に加入しておくべきです。

死亡保障と医療保険が必要な時期は異なる!

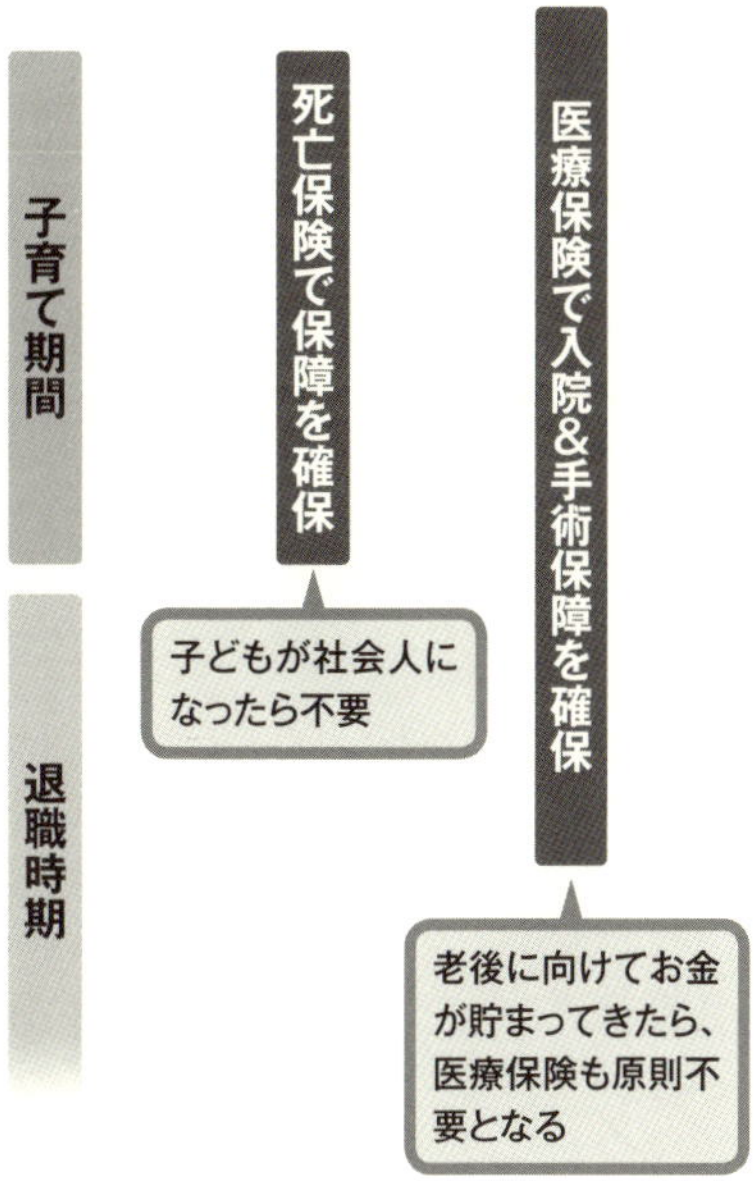
子育て期間
退職時期
死亡保険で保障を確保
子どもが社会人になったら不要
医療保険で入院&手術保障を確保
老後に向けてお金が貯まってきたら、医療保険も原則不要となる

やめる時期が異なるので、死亡保障と医療保障がセットになっている保険ではなく、別々の保険に入るように!

55

病気になったら、頼れるのは「健康保険」と「現金」。民間の医療保険は入院や手術に備える、3番目に頼るもの

医療保険は、原則として「入院」と「手術」のときに給付金がもらえるしくみになっています。つまり、通院のみで治療する場合、給付金はもらえません。

「病気になって、医療費がたくさんかかったり、収入が減ったりしたら大変だから」と考え、「保障が充実している」とうたう民間の医療保険に加入する人は少なくありません。しかし、外来診療のみで治療できる病気なら、どんなに高い医療費がかかっても、原則として医療保険は頼りにならないのです。

病気になったら、通院で治療がすむことのほうが多いでしょう。そんなとき、何よりも役立つのは、みなさんがお持ちの健康保険証です。健康保険によって医療費の負担が3割ですみますし、詳細は148―149ページに譲りますが、ほかにも大変役立つ保障が用意されています。

健康保険の次に頼りにすべきは、貯蓄や収入。忘れがちなことですが、通院でも入院でも、どんな治療でも必ず役立つのは「自由になるお金」です。医療保険が万能ではない以上、医療保険にかける保険料は必要最低限に抑え、少しでも貯蓄を増やすほうが理にかなっています。

民間の医療保険は「3番めに」頼りになる!

● 病気になったときに、お金の面で
頼れる順番は?

1位　健康保険証

→ 入院・手術、外来の治療費をカバー

2位　貯蓄や家族の収入

→ 入院・手術、外来の治療費をカバー

3位　民間医療保険

→ 入院・手術をカバー
外来治療には効力がない

まずは
「民間医療保険に入らなくては」
と思っていませんでしたか?
外来での治療費もカバーできるのは、
保険証や貯蓄、収入なのです

56

知らないとソン！　医療費の自己負担は最高で月9万円弱。月2万円までしか、かからない会社も！

みなさんが医療費について不安になるのは、「自己負担が3割とはいっても、治療費や薬代が高額になったら払いきれないかもしれない」と思うからでしょう。実は、1カ月あたりの医療費の自己負担には、上限が設けられていることをご存じでしょうか？

健康保険では、医療費負担が重くなりすぎないように「高額療養費」という制度が用意されています。簡単にいうと、「医療費の自己負担に、上限を設けますよ」というものです。この制度があるため、たとえ医療費が月100万円もかかるような病気になっても、1カ月あたりの自己負担額は多くても9万円弱ですみます。

さらに、大手企業や同業企業が設立する健康保険組合、公務員が加入する共済組合などの場合、それぞれの組合が独自でもっと充実した給付を行っている場合があります。組合によっては、1カ月の医療費の自己負担上限額が、2万～3万円となっているケースも少なくないのです。これは国民健康保険や協会けんぽの人にはないメリットなのですが、せっかく充実した保障を持っているのに、それを知らない人がたくさんいます。一度、加入している健保組合のウェブサイトなどで自分の自己負担上限額を調べてみてください。

こうした「すでに持っている保障」をふまえて医療保険に加入すれば、無駄な保障を買わずにすみ、民間保険料を節約することができます。

医療費の「自己負担」は案外少ないもの!

10万円あったら1カ月入院できる

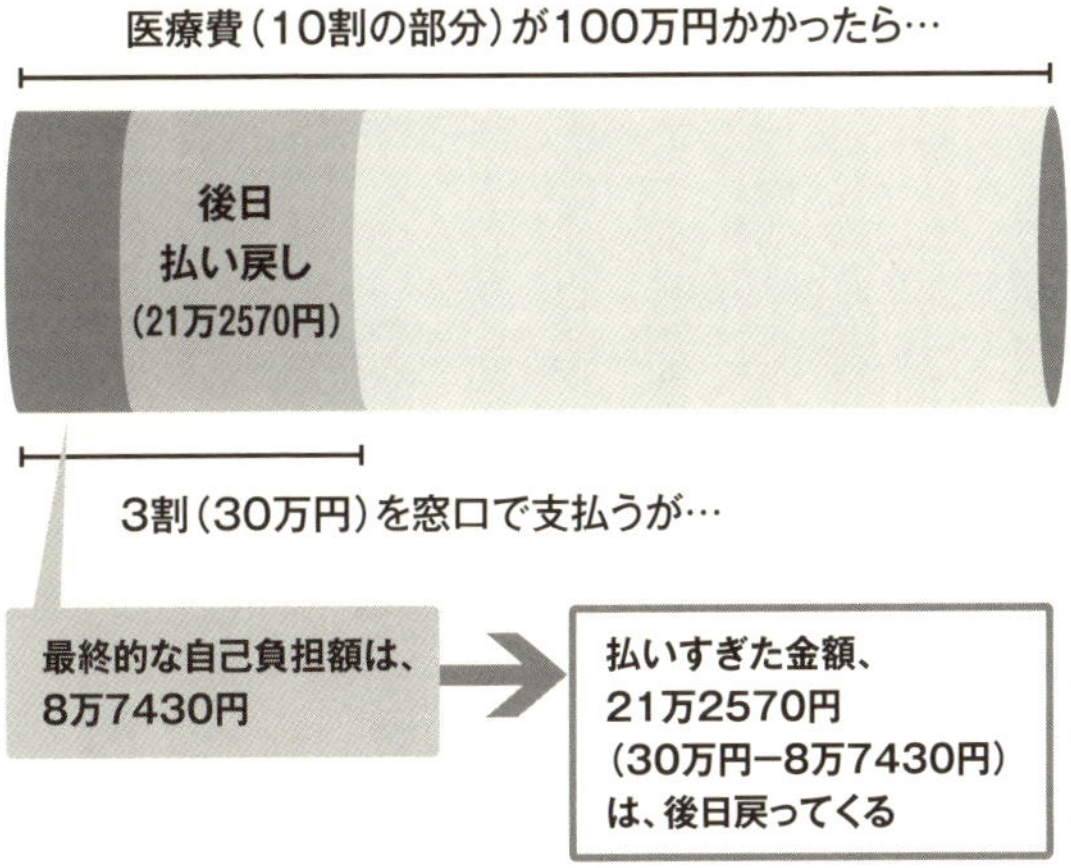

医療費(10割の部分)が100万円かかったら…
後日
払い戻し
(21万2570円)
3割(30万円)を窓口で支払うが…
最終的な自己負担額は、
8万7430円
払いすぎた金額、
21万2570円
(30万円−8万7430円)
は、後日戻ってくる

※上記に加えて食事代の自己負担額(1日780円)がかかる

● 一般的な所得(月収53万円未満)の人なら1カ月の負担は9万円弱!

8万100円+(医療費−26万7000円)×1%

上記の例だと、医療費の部分に10割相当の100万円を入れて計算すると、1カ月の自己負担限度額は、8万7430円

● 入院するなら病院に「所得限度額認定証」を見せると最終的な自己負担額だけですむ!

加入の健康保険から上記の書類を取り寄せ病院で見せると、3割分の立て替え払いが不要になる。忘れずに活用しよう

57

医療保険で必要なのは「入院給付金」と「手術給付金」だけ。無事故ボーナスやお祝い金などの「特約」をつけると割高に

医療保険で必要なのは、**「入院給付金」**と**「手術給付金」**の2つ。入院給付金とは、「入院したら日額5000円」というように、入院した日数に応じて受け取れるお金。手術給付金とは、「手術を受けたら1回あたり10万円」というように、手術内容などに応じてお金を受け取れるというものです。みなさんは、**「医療保険で準備する保障は、入院給付金と手術給付金の2つがあればよい」**と覚えておいてください。

医療保険のなかには、「入院後に通院したら、通院1日あたり3000円」「3大疾病にかかったら、以降の保険料は不要」「病気やけがをしなかった場合、5年ごとにお祝い金を10万円」といった〝何となく安心な気分〟にさせられる特約がついた商品もたくさんあります。「こんなときも、あんなときも安心！」と勧められ、「医療保険の保障は充実しているほどよい」と思ってしまう方は少なくありませんが、保障内容が多いほど、また受け取れる給付金額が高いほど、当然、保険料が高額になることを忘れてはいけません。それらを受け取れない確率のほうが高いのですから、保障は必要最低限に抑え、無駄な保険料はかけないようにすべきです。

□ 医療保険は保障を厳選して、保険料を安くする!

医療保険はこの2つが基本。これで十分

要る保障

- 入院給付金
- 手術給付金

不要な保障

- 無事故ボーナス(またはお祝い金といった名称も)給付金
- 通院給付金
- 死亡保険金
- 女性疾病特約
- 3大疾病になったら保険料免除特約

新規で入るならあってもいい特約

- 先進医療特約
  (特約保険料は100円前後と安いので新規で入るならあってもいいけれど、この特約のために新たに入り直すと全体の保険料が高くなるので、今の保険にないなら、なくてもいい)

58

30代の医療保険の保険料は、月々5000円では払いすぎ！ 月々2000円前後で十分な保障が手に入る！

セミナーなどで「医療保険の保険料として、1カ月あたりいくらくらいまでなら払ってもいいと思いますか？」と参加者に尋ねてみると、「5000円くらい」と考えている人が多いです。しかし、**医療保険に月5000円もかけるのは、明らかに払い過ぎ。30代の人なら、2000円前後で十分です。**

保険料を安く抑えて医療保険に加入するには、ネット生保で「入院給付金」と「手術給付金」のみのシンプルな保障内容の商品を選ぶこと。さらに、**入院給付金の「日額」と「給付限度日数」を必要最低限に抑える**のがコストを下げるコツです。

入院日額は「なんとなく1万円くらいはほしい」などと感覚で決める人が多いのですが、医療保険はあくまで「健康保険の不足分をおぎなうもの」という位置づけ。入院しない可能性もあるのですから、ここは「必要最低限の額」に抑えるべきです。**入院日額は、5000円あればOK**でしょう。給付限度日数とは「1入院あたり何日分まで入院給付金がもらえるか」。医療技術の進歩によって入院日数は短くなる傾向にありますから、**「120日型」**で十分だと思います。

身内にがんが多く、医療保険と別にがん保険に加入するなら、医療保険のほうは**「60日型」**で十分でしょう。統計データを見ても、がん以外の病気の入院日数はとても短いからです。ちなみに、がん保険は入院日数に制限を設けていないのが特徴です。

□ 医療保険選びの簡単なポイント

- 毎月の保険料は、30代なら2000円前後で十分
- 入院給付金と手術給付金のみの保障でシンプルに
- 入院給付金の日額は、5000円（派遣社員や自営業は1万円でも可）
- 1入院は「120日型」、がん保険に別途入るなら医療保険は「60日型」でいい

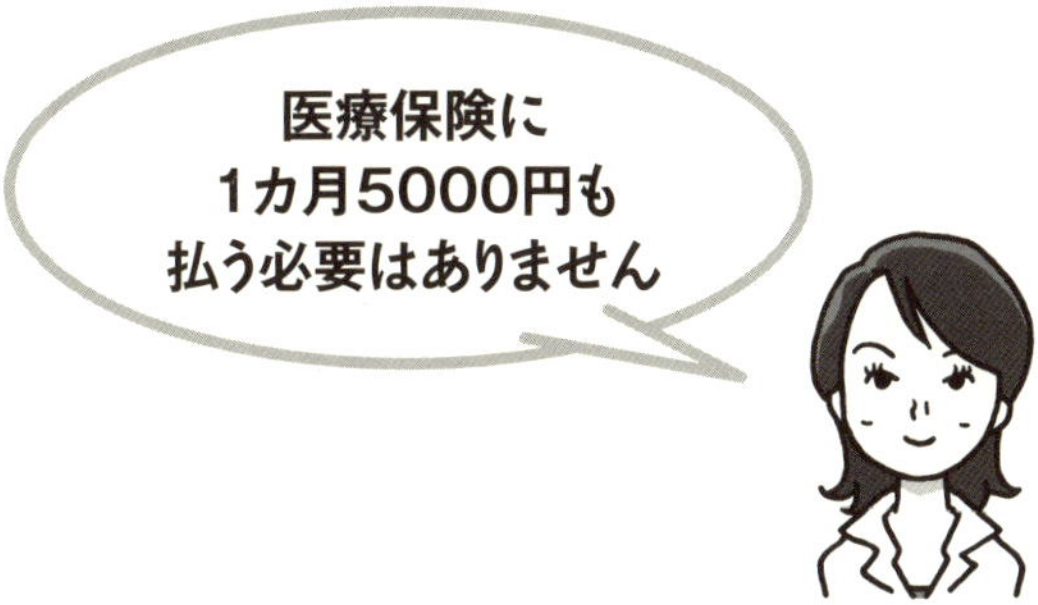
医療保険に
1カ月5000円も
払う必要はありません

59

あなたが死亡したら「国」や「会社」から保障あり。「遺族年金」「死亡退職金」「遺児育英年金」などを確認しよう

子どもが生まれるなどして死亡保障を検討する場合は、まず「すでに持っている保障」、つまり**自分が死んだ時にもらえるお金がどれくらいあるかを知っておきましょう。**

会社員や公務員の夫が死亡すると、妻は自身の年収が恒常的に850万円未満なら、「遺族厚生年金」または「遺族共済年金」がもらえます。これが、30代ならだいたい年40万～50万円くらい。さらに、18歳未満の子どもがいる場合、そこに「遺族基礎年金」が上乗せされます。「遺族基礎年金」は子どもの人数によって受け取れる額が異なり、妻と子ども1人の場合で年間約102万円、妻と子ども2人なら、約124万円。つまり、1人または2人の子どものいる会社員や公務員の男性が亡くなった場合、国からの遺族年金だけで年間140万～175万円くらいのお金がもらえることになります。月に約12万～14万円くらいですね。

それに加えて、要チェックなのが会社の福利厚生です。死亡退職金がもらえたり、「遺児育英年金」として、子どもが大学を卒業するまで毎月一定額を受け取れたりする制度を持っている企業は少なくありません。私が以前企業内セミナーを行った会社では、遺児育英年金を子ども1人

あたり月2万円も支給していました。一度、会社で配布されている福利厚生ハンドブックやイントラネットを調べてみましょう。

□ 子どもがいる会社員の夫が死亡すると、遺された妻は国から遺族年金が受け取れる

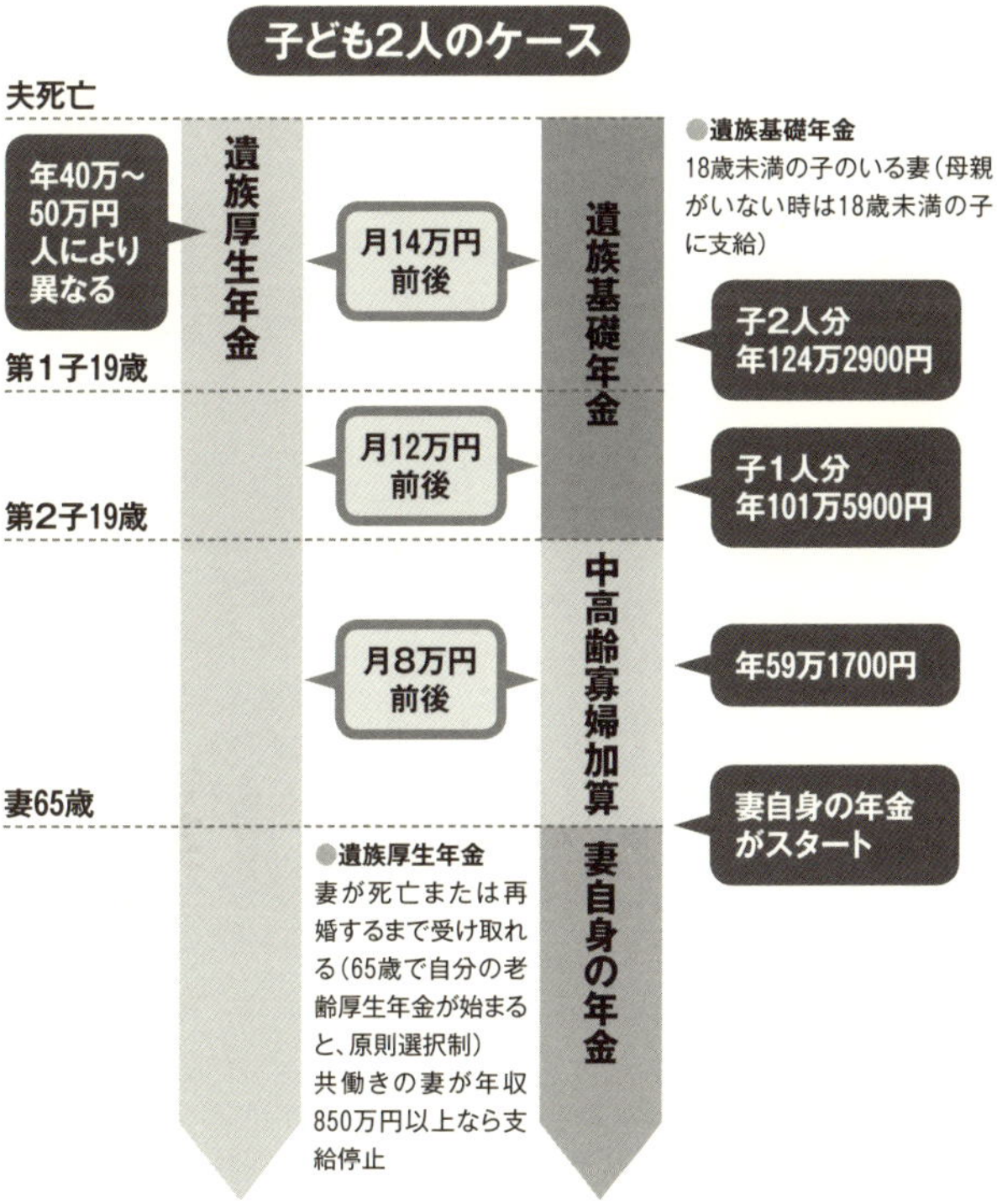
子ども2人のケース
夫死亡
第1子19歳
第2子19歳
妻65歳
年40万～50万円 人により異なる
遺族厚生年金
月14万円前後
月12万円前後
月8万円前後
遺族基礎年金
中高齢寡婦加算
妻自身の年金
●遺族基礎年金
18歳未満の子のいる妻（母親がいない時は18歳未満の子に支給）
子2人分 年124万2900円
子1人分 年101万5900円
年59万1700円
妻自身の年金がスタート
●遺族厚生年金
妻が死亡または再婚するまで受け取れる（65歳で自分の老齢厚生年金が始まると、原則選択制）
共働きの妻が年収850万円以上なら支給停止

※年金額は平成23年度の金額

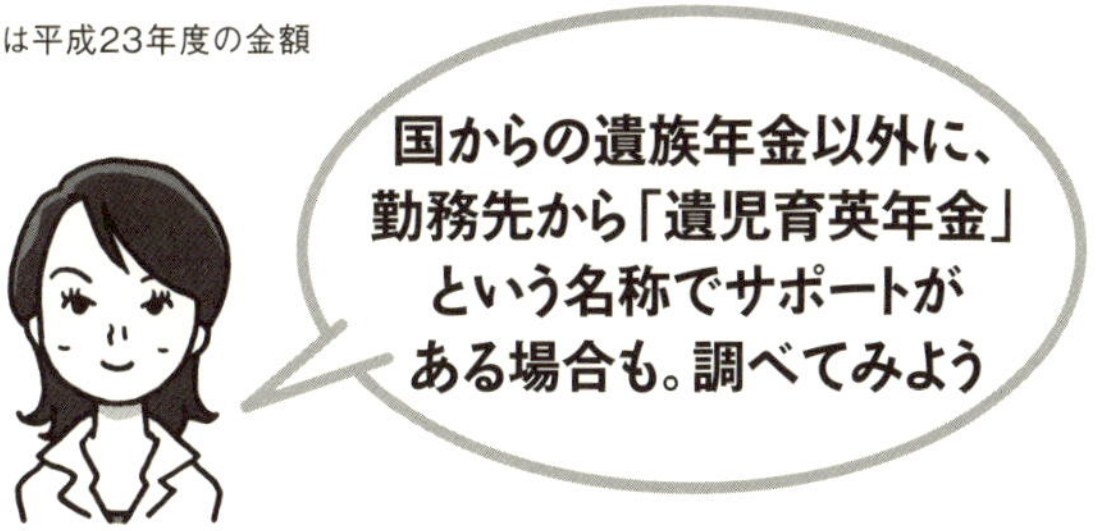
国からの遺族年金以外に、勤務先から「遺児育英年金」という名称でサポートがある場合も。調べてみよう

60

死亡保障は高ければ高いほど、保険料も高額に。本当に必要な保険だけに入って、ムダなお金を節約しよう

実際に死亡保障を用意する場合、「死亡保障額＝死んだらもらえる保険金の額」をいくらにするか決めなくてはなりません。一体、どれくらいあればいいのでしょうか？

保険会社に死亡保障額を見積もってもらうと、「すでに持っている保障」が考慮されていなかったり、夫死亡後は妻はいっさい働かないという前提だったりします。そうすると当然、〝必要保障額〟は高額になります。なかには5000万～6000万円もの保障額を勧められることもめずらしくありません。しかし、高い死亡保障を買えば、保険料もその分だけ高くなってしまいます。「本当に必要な額はいくらか」を冷静に弾き出し、無駄な保障を買わないようにしなくてはなりません。

死亡保障額を見積もる際の大事なポイントは、2つあります。1つは、**「すでに持っている保障」を考慮する**こと。もう1つは、**「その後の生活」をイメージする**ことです。

「幼い子どもを残してサラリーマンの夫が亡くなった場合」であれば、遺族厚生年金と遺族基礎年金がもらえます。妻が働けば、その収入も見込めるでしょう。住宅ローンがある人は、ローン

を借りる際に加入する団体信用生命保険でローン負担はなくなります。このように考えてみると、死亡保障で用意すべき額は、30代でマイホーム購入後なら「子どもの大学卒業までの教育費として1人あたり1000万円」「妻の老後資金分として1000万円」が目安となります。

□ 死亡保障額はまず、すでにある保障を確認

生命保険に入る前に
「すでにある保障」
遺族基礎年金
遺族厚生年金
勤務先の遺児育英年金等

たとえば上記の合計で
月18万円の収入

＋

遺された妻が働いて得る収入
働き方により収入は異なる

たとえば
月17万円の収入

＝

生命保険に入る前に
月35万円の
収入がある

住宅ローンがあれば、団体信用生命保険でローンの返済はなくなる。預貯金や死亡退職金も「保障の一部」

子どもが高校・大学以降にかかるまとまった教育費と、これから2人で貯めるはずだった老後資金の一部を妻のために用意。この2つと、上記で足りない生活費分を民間生命保険で補うといい

61

死亡保障を安く買うには「掛け捨ての定期保険」に「必要な期間だけ」「ネット通販で」加入するのがコツ

死亡保障は、保険会社や商品の選び方によって保険料に大きな差がつきます。選び方のポイントは、主に3つです。

1つは、「定期保険」を選ぶこと。 死亡保障には、「亡くなった場合に保険金がもらえる期間＝保障期間」を定めた定期保険と、「何年後であっても、死んだら必ず保険金がもらえる」終身保険があります。定期保険は、何事もなければ1円も戻ってこない（＝掛け捨て）なのですが、その分、保険料は終身保険と比べてかなり割安。一例では終身保険の12分の1の保険料です。

2つめは、「必要な期間だけ」加入すること。 死亡保障は、「自分が死んだら経済的に困る人」がいなくなれば、やめてかまいません。一般的には、子どもが生まれてから独立するまでの間、加入しておけば十分でしょう。

3つめは、ネット通販で加入すること。 同じ「死亡保障額1000万円の10年定期保険」でも、営業職員を介して売っている大手生保と、ダイレクト販売をしているネット生保では保険料にずいぶん差があります。

死亡保障を安く買うコツ3カ条

1 **掛け捨て「定期保険」を選ぶこと**
死亡保障には掛け捨てがイチバン

2 **子どもが社会人になるまでの「必要な期間」だけ、死亡保障を買う**
保険期間10年の定期保険を利用して、子どもが大きくなるまで利用する（10年経ったら更新できる）

3 **インターネットや通販で加入できるものを選ぶ**
ダイレクト販売は保険会社の手数料が安い

おまけ **タバコを吸わない人や健康な人は、「ノンスモーカー向け保険」や「健康体割引保険」などをチェック**
通常の10年定期保険に比べ18〜50％も保険料が安くなるケースもある

また、「ノンスモーカー」「健康体」という条件を満たすことにより、保険料がかなり割安になる商品もあります。同じ保障なら安いに越したことはありません。アフラックやアリコジャパンなどで扱っています。

勤務先のグループ保険も事務コストが低く、保険料が割安です。ただし、企業によっては子会社へ転籍すると脱退しなくてはいけなかったり、30代は転職の可能性も大きかったりしますから、死亡保障すべてをグループ保険にするのは、お勧めしません。保険料を調べ、割安なら保障額の一部をグループ保険で、残りを民間保険で確保するといいでしょう。

62

国が保障してくれる「遺族年金」は、共働きの妻が死亡したら、夫は年金をもらえない!?

遺族年金については、〝落とし穴〟に注意が必要。それは、「共働きの妻が死亡した場合、夫は原則として遺族年金をもらえない」ということです。

遺族年金の制度ができたころは、女性は専業主婦なのが当たり前でした。制度の根底には、「夫が働いて家計を支えるのだから、妻が亡くなったからといって遺族年金をあてにする必要はない」という考えがあったのです。なんとも不公平な話ですが、いまのところ、制度が変わる気配はありません。

ですから、**共働き夫婦の場合は、夫よりも妻の死亡保障の確保が大事**なのです。妻死亡時の社会保障が手薄な分を、民間生命保険で用意しましょう。

ただし、**18歳未満の子どもがいる場合、遺族厚生年金や遺族共済年金は「子どもが受給権者になる」という道が残されています。**申請すれば、末の子どもが高校を卒業するまでの間、**年間40万～50万円を受け取ることができるのです。**

「子どもを受給権者にして申請すれば、遺族厚生年金が受け取れる」ということは、実はほとん

共働きの妻の死亡保障プランのポイント

1 **遺された夫は、原則、遺族年金をもらえない**
夫が死亡するのと妻が死亡するのではまったく異なる!

2 **共働きの妻も家計を支えているなら、妻の死亡保障は厚めに**
妻死亡時の社会保障は手薄なので、妻の死亡保障は民間保険で確保する

3 **18歳以下の子どもが受給権者になれば、母親(妻)の遺族厚生年金は受け取れる**
誰も教えてくれないことなので、きちんと申請しよう

ど知られていません。職場などで教えてもらえることも、まずないでしょう。そのせいで、権利があるのにもらい損ねている人がたくさんいます。

知らないとソンをするというのは悲しい社会保障制度ですが、ここは知識をつけて自衛するしかありません。

万が一のときに備えて「お母さんに何かあったら見るファイル(保険証券などのファイルがいいですね)」をつくり、そこにこのページのコピーをいれておくなどして「子どもを受給権者にする方法があるんだ」ということを思い出せるようにしておきましょう。

63

30代は保険で「貯蓄」をしないこと！ 年金保険、変額保険などの「貯蓄型保険」に入ってはいけない！

「生命保険商品の利用目的は、死亡保障か医療保障の確保」というお話をしましたが、老後への備えをうたう「個人年金保険」というものもあります。30代の人から「親から勧められるのですが、個人年金保険に入っておいたほうがいいでしょうか？」という相談を受けることも少なくありません。

ここで1つ、保険商品選びのうえで非常に大事なポイントを挙げておきましょう。それは、**「低金利のいまは、保険でお金は貯められないと心得る」**ということ。

個人年金保険には「契約したときの利率をずっと引き継いでいく」という特徴があります。つまり個人年金保険は、契約期間中に金利が上昇しても、そのメリットを享受できないのです。契約期間は長期にわたりますから、途中で金利が上昇することも十分に考えられるでしょう。そのときに「利回りのいい商品に乗り換えたい」と思っても、いまの年金商品は途中解約すると、まず元本割れは避けられません。

親世代が個人年金保険を勧めるのは、金利が高かった時代にたまたま〝おいしい〟思いをした

親の時代の個人年金保険はおトクだった!

60歳から年120万円の年金を10年間受け取る個人年金

（保険料は男性の30歳加入・60歳払込満了のケース）

	親の時代（1990年加入）	いま加入すると（2011年加入）
年金受け取り総額	1200万円	
月払い保険料	1万4748円	2万7948円
30年間の払込保険料総額	530万9280円	1006万1280円

払込額の2倍以上受け取れた

貯蓄性が低下しているのが一目瞭然！

からにすぎません。当時とは経済環境が異なり、金利が低いいまの時代に加入するのは、まったくお勧めできません。

個人年金保険に限らず、貯蓄型保険は、みな貯蓄機能が低下していることを覚えておきましょう。また、個人年金保険は「使う時期が老後に限定される」という特徴もあります。

30代が老後を迎えるまでの間にはお金が必要となる時期は何度も訪れますから、途中解約しても元本割れせず「使う時期」を限定しない金融商品を中心にお金を貯めることと覚えておいてください。

医療保険は、ある程度貯蓄ができたら〝卒業〟しよう

「健康保険の高額療養費があるから、医療保険は入らなくていい」。こんな考え方もあります。たしかに、健康保険のしくみや医療保険の中身を知ると、思ったほどには必要性が高くないように思えるかもしれません。

しかし、私は、30代の人は最低限の医療保険は加入しておいたほうがいいと思っています。というのも、30代は貯蓄に励み、貯めたお金に手をつけないようにすべき時期だからです。

入院などで予定外の出費がかさめば、どうしても貯蓄のペースが狂ってしまうでしょう。今後、住宅取得や子どもの教

医療保険が不要な要素

- マイホーム購入、教育費負担など
  ライフイベントが終了しつつある世代
- 使う目的のない貯蓄が300万円以上ある
- 健保組合の給付が充実している正社員夫婦
- 子どもが社会人になった
- 貯蓄をたくさん持っている

育といったお金のかかる人生の大イベントが控えているわけですから、貯蓄はしっかり守りたいもの。不意の出費をカバーする医療保険は、やはり必要です。

逆にいえば、まとまったお金が必要なイベントを乗り越えて、さらにある程度の貯蓄ができたら、医療保険はやめてもかまいません。

では、「やめていいタイミング」をどう見極めればよいのでしょうか？ これは、「医療保険でいざというときどれくらいのお金がもらえるのか」を考え、それだけのお金がすぐ出せるか、それだけの支出があってもその後のライフイベントに影響がないかを考えてみるのがお勧めです。

医療保険では、「1入院あたりの給付限度日数」が決められています。一度の入院で給付金が受け取れる日数の上限によって、それぞれ「60日型」「120日型」「180日型」と呼ばれており、

□ 民間の医療保険はどんな人に必要？

医療保険が要る要素

- 貯蓄が少ない
- 入院したら売上がなくなる自営業者
- 休むと給料が出ない派遣社員
- シングルで一人暮らし
- 貯蓄があっても、マイホーム購入など
ライフイベントで貯蓄を大きく使う予定がある

120日型なら、120日を超える分の給付金は出ません。

注意が必要なのは、「同じ病気や関連する病気で、半年（180日）以内に再入院したら1入院とみなす」というルールがあることです。つまり、1つの病気にかかって入院する場合、「一度途中で退院して、半年経たずに再入院」しない限り、もらえる入院給付金は「日額×給付限度日数」を超えないということ。もし日額5000円で120日型に加入していたら、1年間入院したとしても、もらえるのは120日分＝60万円＋手術給付金だけです。つまり、60万円の入院給付金がなくてもマネープランに大きな影響が出ないのならば、医療保険はやめてもかまわないといえます。

私自身は子どもがなく、20年以上働いてきて、まとまった貯蓄もできたので、最近医療保険をやめ、月の保険料が1800円のガン保険だけ残しました。

第6章

家は40代で買いなさい！
お金を減らさない
マイホーム購入術

64

なぜ、結婚と同時に家を買ってはいけないのか。住宅購入は「遅いほどトク」と心得よう

30代のカップルは、結婚と同時にマンションを買うケースが目立ちます。背景には、「賃貸に住んで家賃を払い続けるのはもったいない」という、堅実な30代ならではの意識があるようです。

しかし、**住宅購入には「遅いほどトクをする」という原則があります。**これは、住宅ローンで支払う利息をできるだけ減らすには、「頭金をなるべく多く、返済期間はできる限り短く」すべきだからです。より具体的にいえば、30歳で頭金ゼロの35年ローンを組むよりは、10年かけて頭金を貯め、借入額を少なくして、40歳で25年ローンを組んだほうがトクだということ。

たとえば、4000万円のマンションを購入するケースで試算してみましょう。「30歳で頭金ゼロ、35年返済」のローンを組むと、支払う利息は金利2・5%でも約1954万円にもなります。これが「40歳までに頭金1500万円を貯め、2500万円借りて25年返済」でローンを組むと、金利3%としても利息は約1005万円。つまり、10年待って頭金を貯めれば、支払う利息は1000万円近くも減らせることになるのです。

□ 頭金があるだけで支払い総額がグンと減る!

4000万円のマンション

30歳で頭金ゼロで買うと…
（ローンは4000万円）

35年返済で組んで、
60歳で残りを一括返済すると…
（金利2.5%）

支払う利息は、
約1954万円!

40歳で頭金1500万円で買うと…
（ローンは2500万円）

25年返済で組んで、
60歳で残りを一括返済すると…
（金利3%）

支払う利息は、
約1005万円!

10年の間に金利が
3%に上がっても
短く借りるほうが、
約950万円も
利息が少ない!

65

賃貸と持ち家は、「どちらがトクか」と比較せず自分のメリット、デメリットで選ぼう

みなさんは、雑誌などで「賃貸と持ち家はどちらがトクか」を比較する記事を見たことがありませんか？　私のもとには、さまざまなメディアから「賃貸と持ち家のコストをシミュレーションしてほしい」という依頼が舞い込みます。「どちらがトクなのかを知りたい」という人は、少なくありません。

しかし、私はこうした依頼は基本的にすべて断っています。なぜならば、**賃貸と持ち家の比較は、家賃や金利の水準といった条件をちょっといじるだけで、いくらでも試算結果が変わってくるから。**どちらがトクかは、実は誰にもわからないのです。雑誌で「持ち家がトク！」「賃貸のほうがいい！」などと結論づけているとすれば、それは、その結論がメディアにとって好ましいからかもしれません。

賃貸か持ち家かを損得だけで比較するのは不可能に近いと思います。もっといえば、お金の損得以前に、賃貸と持ち家で得られるメリットとデメリットを考えなければ意味はありません。雑誌などの試算結果だけで、大事な判断を誤らないようにしましょう。

□ 賃貸と持ち家、自分にとっての メリット・デメリットを書き出してみよう

持ち家は資産になるというけれど、
それはローンを払い終えてから。
最大のデメリットは、
気軽に住み替えができなくなること。
転職したい会社が遠い、
ご近所とトラブルが発生したなど、
購入後に転居したくなることは起こりうる。

賃貸のデメリットは、設備が安っぽい、
家賃を払い続けなくてはいけないこと。
メリットは、気軽に住み替えができること。
ローンに縛られて、人生の選択肢を
狭めることはない。
バスルーム、キッチン設備等が老朽化したとき
大家さんが直してくれるのもメリット

66

親世代と決定的に違うので要注意！いまの30代は、マイホームを一度買ったら住み替えが難しい

30代のみなさんが住宅を買う際は、「今後、住み替えるのは難しい」という前提に立つ必要があります。**「いま買って、一生その住宅に住めるか」**と考えてみなくてはなりません。

いまの50～60代の人たちにとって、家の買い替えは当たり前のことでした。たとえば、結婚当初はアパートや公団に住み、頭金を貯めてマンションを買います。マンションが値上がりしたら売却し、値上がり益を頭金として、一戸建てを買うわけです。このように、不動産の値上がり益で住宅を買い替えられたのは、「不動産価格は右肩上がりに値上がりを続ける」という〝神話〟があったから。

しかし、いま30代の人たちは、不動産価格の上昇を期待することができません。このため、頭金をあまり入れずに住宅ローンを組むと、マンションの価値よりも住宅ローン残高のほうが多い状態が長く続きます。マンションを売って住み替えようとすれば、売却価格とローン残高の差額を用意したうえ、さらに次に買う住宅の頭金も準備しなくてはならないのです。最初に買ったマンションのローンを返済しながら、それだけのお金を貯めるのは、現実的ではないでしょう。

□ いまの時代、住宅の買い替えは現実的ではない!

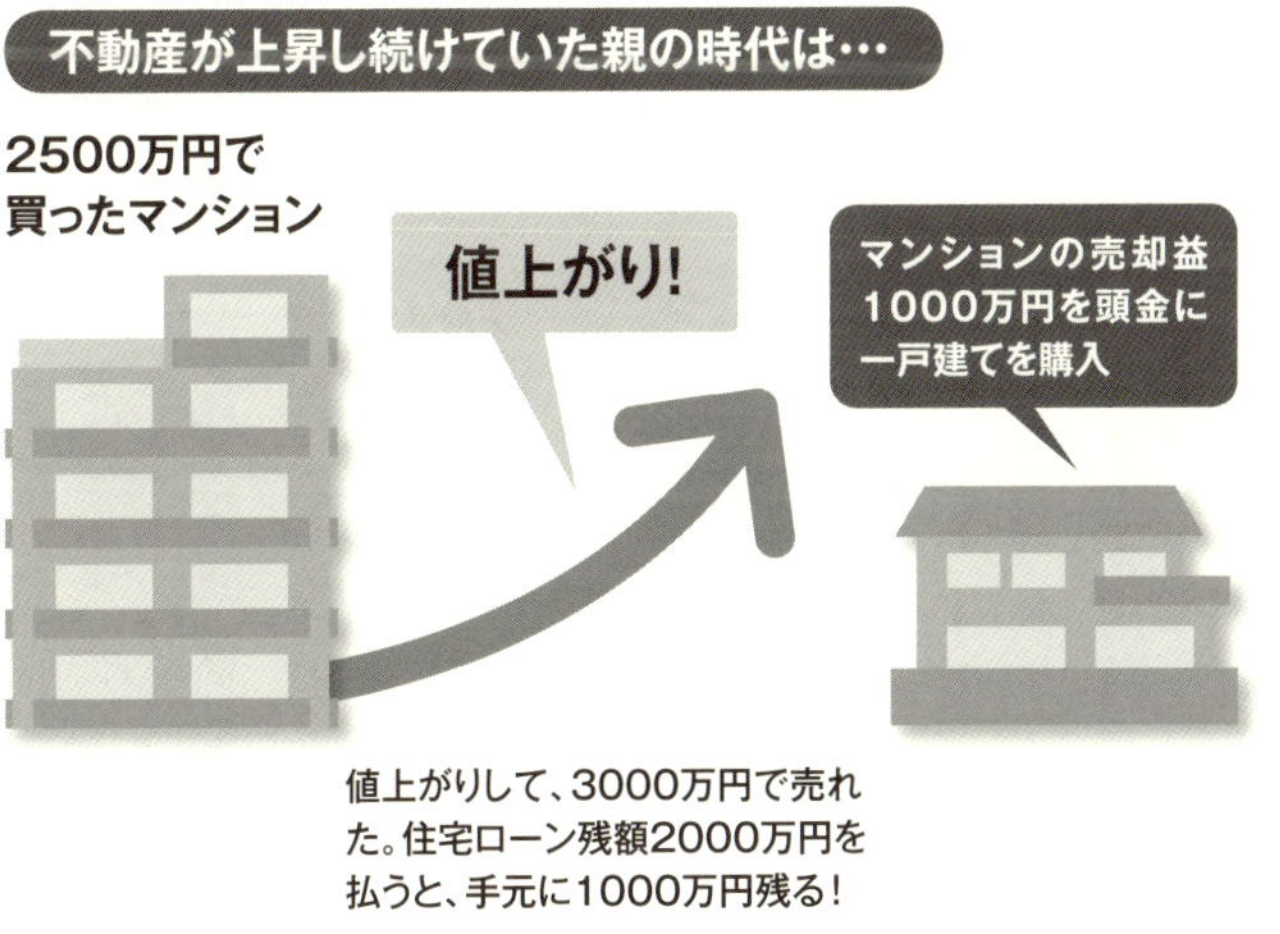
不動産が上昇し続けていた親の時代は…
2500万円で
買ったマンション
値上がり!
マンションの売却益
1000万円を頭金に
一戸建てを購入
値上がりして、3000万円で売れた。住宅ローン残額2000万円を払うと、手元に1000万円残る!

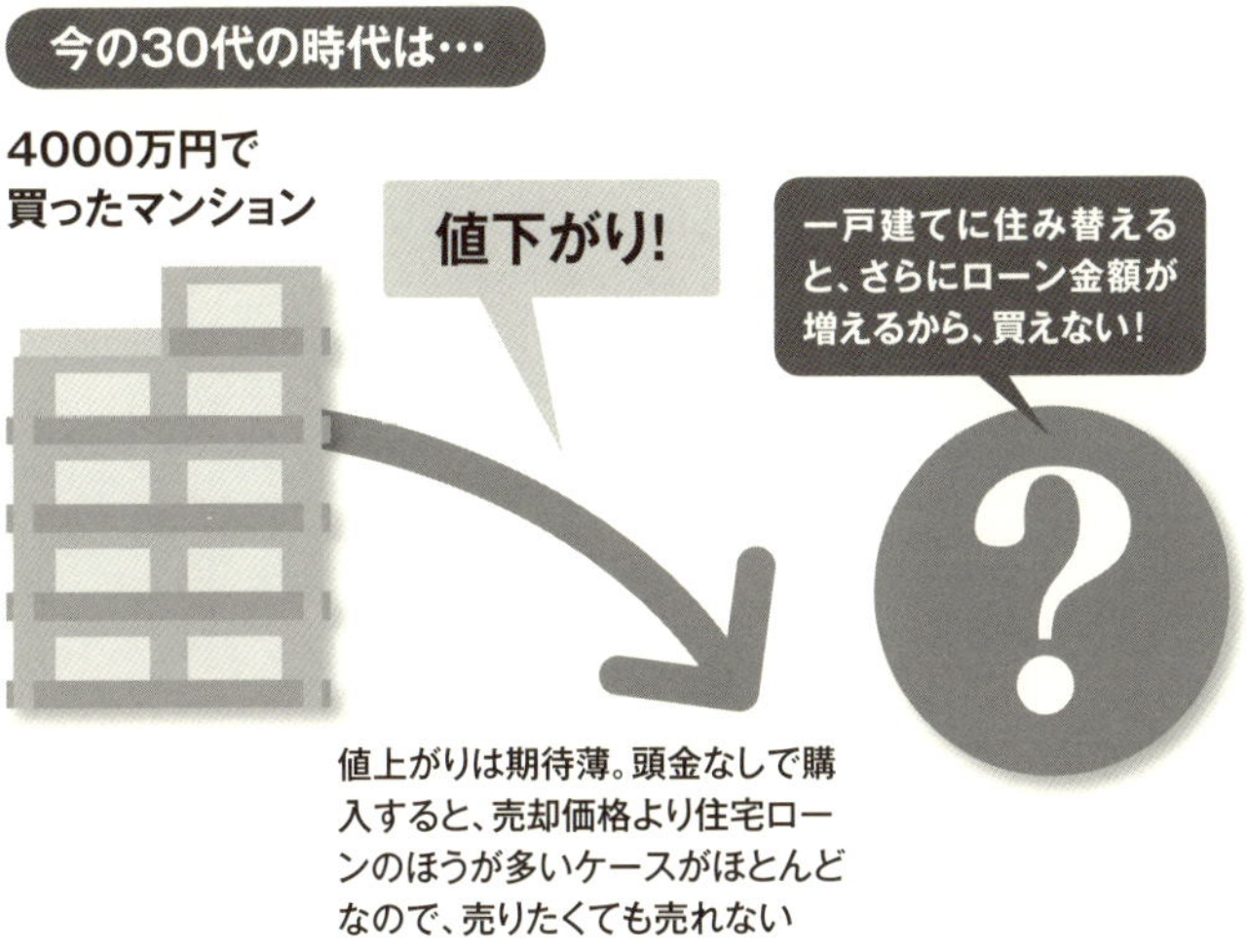
今の30代の時代は…
4000万円で
買ったマンション
値下がり!
一戸建てに住み替えると、さらにローン金額が増えるから、買えない!
?
値上がりは期待薄。頭金なしで購入すると、売却価格より住宅ローンのほうが多いケースがほとんどなので、売りたくても売れない

67

30代で「終《つい》の住《す》み処《か》」を選ぶのは危険 ライフスタイルが固まる40代で買うのがベストな理由

「住宅を買うのが遅いほどよい」というのは、金銭的なこと以外にも理由があります。

30代で、これから結婚する、あるいは結婚したばかりという人であれば、今後どんなライフスタイルになるかわからない部分があるはず。子どもが何人になるのか、転職して勤務地が変わることはないのかなど、考えてみれば予測できない要素がずいぶん多いのではないでしょうか。環境が落ち着いてくるのは、40代になってからでしょう。40代なら、「子どもは何人か、独立して家を出ていくのはいつか」といったこともはっきりしますし、転職の可能性も低くなるはず。先に見たように、いまの30代は一度住宅を買ったらその後の住み替えは困難ですから、住宅選びは「終の住み処」を決めることに等しいのです。**「どんな住宅がほしいか」を考えるのは、ライフスタイルがある程度固まる40代以降にするのが合理的**でしょう。

さらにいえば、「終の住み処」という意味では、住宅の老朽化についても考慮しておく必要があります。30代でマンションを買った場合、80歳まで50年近くも住み続ければ、住宅の寿命を考えると建て替えリスクが大きくなります。この点、40代で買って40年間住むのであれば、何とか住みきれるのではないかと思います。

住宅は、老後の生活まで左右する、一生に一度の大きな買い物。じっくりと時間をかけて考えてみてください。

住宅購入は ライフスタイルが決まってから!

30代で購入する際の不安要素

転職するかも
（勤務地遠くなるかも）

80歳まで住んだら、
築50年近く…
老朽化すると
建て替えリスクもある

子どもの人数は未確定
（部屋が狭くなるかも）

頭金が少ないから、
ローン借入額が
多くなる

30代の給料で
フルにローンを組んでいると、
子どもの教育費が
ピークになったとき、
家計に余裕がなくなる

早く買うことにも
リスクがあることを知っておこう

68 30代のうちは賃貸を上手に利用して、ライフスタイルに合う住環境を手に入れよう

以前、30代の知人女性が結婚した際、「この機会に、いま住んでいるところの近所にマンションを買おうと思うんです」と相談されたことがあります。結婚してすぐに子どもができたので、生まれる前に物件探しをしておこうと思ったのだそうですが、もちろん、私は大反対。「いままでは住みやすい場所だと感じていたかもしれないけれど、子どもを持って共働きしていくとなれば、生活スタイルが大きく変わるかもしれませんよ。少なくとも、住環境が子育てに向いているかどうか、賃貸で住んでみて確認したほうがいいと思います」とお話ししました。

そこで彼女は、まず保育園選びを優先することにしました。すると、いま住んでいる地域は待機児童が多く、なかなか保育園に入れないことがわかったのです。そのうえ勤務先が移転することに……。結局、保育園に入りやすく、新しい勤務地へのアクセスがいい地域を探して、賃貸で新生活を始めたのでした。

この女性のケースは非常にわかりやすい例ですが、**30代のうちは、ライフスタイルに合わせて柔軟に住環境を変えられるよう、賃貸を利用したほうが合理的です。**いつか住宅を買う準備とし

ても、まずは賃貸に住み、「終の住み処」としてふさわしい地域かどうかをチェックしたほうが失敗しにくいでしょう。焦ってマンションを買ってから「しまった！」と思わないようにしたいものです。

子育てしながら共働きを続けるなら、購入前にこんな点に注意

- 保育園の待機児童の状況を確認
- 子育てに向いている環境かどうかをチェック
- 妻の職場の通勤は便利か
- 私立中学へ行く層が多く住んでいる地域は何となく受験ムードに流されやすいので避けたほうがベター
- 何かあったら頼れる人はできるだけ近くにいたほうがいい

チェックリストを見ながら
条件に当てはまりそうな場所に
賃貸で住んでみるのがお勧め。
住んでみないと
わからないこともあるので、
結婚と同時にいきなり
購入するのはリスク大

69

マイホームの「頭金づくり」でローン返済期間のトレーニングをしよう

「結婚してすぐ、親の勧めに従ってマンションを買った」という人に話を聞くと、親から住宅ローンの頭金を出してもらっているケースが散見されます。

頭金を貯めるのは大変ですから、親から援助してもらえるのであればそれに越したことはないと考えるのが当然でしょう。家計だって、おおいに助かるはず。ただし注意しなくてはならないのは、いくら頭金を出してもらえても、きちんと返済し続けていく力がなくては安心できない、ということです。

私がたくさんの夫婦の相談を受けてきて感じるのは、**頭金を自力でしっかり貯めてきた経験があれば、ローンをきちんと返していけるものだということ。**これは、毎月一定額を積み立てる経験が、住宅ローンを返済するトレーニングになるからです。「給料から一定額を差し引き、残りで生活する」という習慣が身についている夫婦であれば、住宅ローン返済だけでなく、「将来の生活においてお金に困ることはない」と太鼓判をおすことができます。

「頭金を親に出してもらえる」というラッキーな人も、焦ってすぐに家を買わず、できれば30代のうちに住宅ローン返済の〝練習期間〟を設けてまとまった額を貯めてみましょう。自力で貯めた分も頭金に上乗せできれば、それだけローン返済がラクになりますから、一石二鳥ですよ。

□ いま、積み立て預金ができている人はお金に困らない

このご夫婦は、
将来お金で困ることは
ないだろうな…

私自身が「心配ない!」と
太鼓判をおせるカップルとは…

●頭金をしっかり貯めている

↓

なぜなら、
「まず貯める」「残りで生活する」習慣は、
確実にローン返済を続けていくための
トレーニングになるから

70

「物件価格の3割＋200万円」が用意できるまでマイホームは買ってはいけない

住宅を購入する場合のよくある誤解として、「お金を貯めたら、それをまるまる頭金にできる」という思い込みがあります。しかし、住宅を買うにはさまざまな諸経費がかかりますし、購入後に貯蓄がすっからかんになってしまってはいけません。これらも考慮したうえで、住宅購入に用意すべき金額を考える必要があります。

まず、頭金としては、物件価格の2割を用意すべきです。このほかに、諸経費として物件価格の1割が必要。加えて、いざというときのお金として200万円くらいの貯蓄は残しておきたいところです。

つまり、家を買うなら、**「物件価格の3割＋200万円」を準備する、ということ。4000万円のマンションを買う場合、貯めるべきお金は1400万円。3000万円の物件なら、1100万円の貯蓄が必要です。**「そんなに貯めなければいけないの?」とびっくりするかもしれませんが、この基準を守らずに住宅ローンを組むと、借入額が大きくなって返済がつらくなり、お金が貯められない家計になってしまう可能性があります。最近は頭金なしで全額住宅ローンが組めるようになっていますが、「お金に困らない人」を目指すなら、貯蓄が「物件価格の３割＋２００万円」になるまで、住宅を買ってはいけないと覚えておいてください。

家を買うなら「物件価格の3割+200万円」を用意

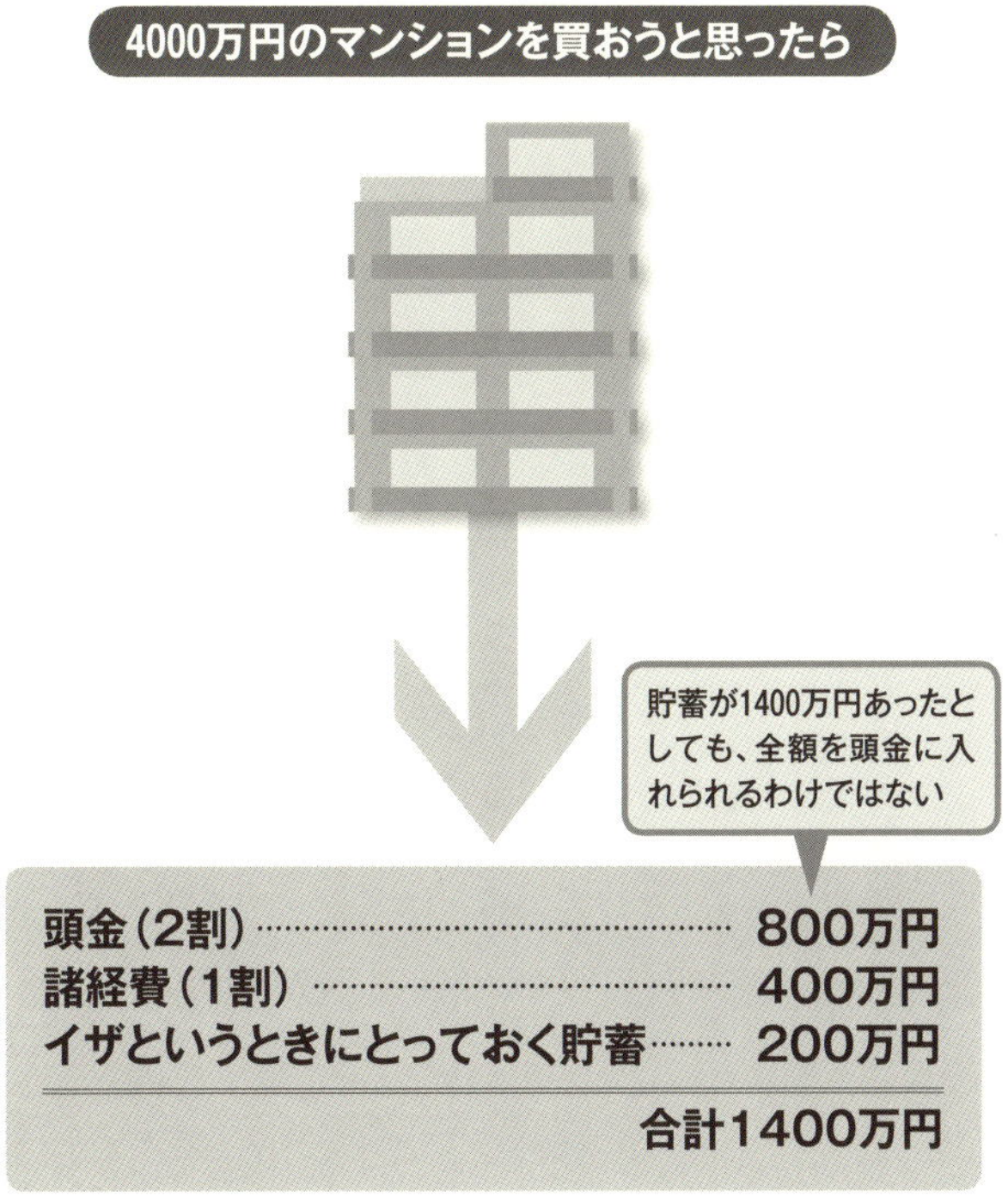

4000万円のマンションを買おうと思ったら

> 貯蓄が1400万円あったとしても、全額を頭金に入れられるわけではない

頭金（2割）	800万円
諸経費（1割）	400万円
イザというときにとっておく貯蓄	200万円
合計	1400万円

71

「借りられる額」と「返せる額」は違う！住宅ローンは60歳までに完済できるプランを組もう

住宅ローンを借りる際は、「毎月いくら返せばいいのか」ということばかり気にしてしまいがちです。しかし、**重要なのは「毎月払えるかどうか」ではなく、「ちゃんとローンを完済できるかどうか」**。金融機関が貸してくれる額と、完済できる額には差があるものですから、ローンを組む際は無理なくきっちり返せる額かどうかを確認しなくてはなりません。

この点、住宅ローンを組む際に重視すべきポイントは、「60歳までに完済できるかどうか」に置くべきです。いまの30代は65歳まで公的年金が受給できないのですから、60歳以降に住宅ローンの返済を引きずってしまうと、家計が破綻してしまう可能性があります。

60歳時点の住宅ローン残高は、自分から金融機関に聞かなければ教えてもらえません。実際、「せっせとローンを返してきたつもりが思った以上に残高が減っていなかった。50歳を超えてから、定年退職時に2000万円以上もローンが残ることに気づいた」といったパターンはめずらしくないのです。住宅ローンを借りる際は、必ず返済計画に基づいたローン残高の推移を確認しましょう。

住宅ローンは60歳までに完済できるプランを組もう

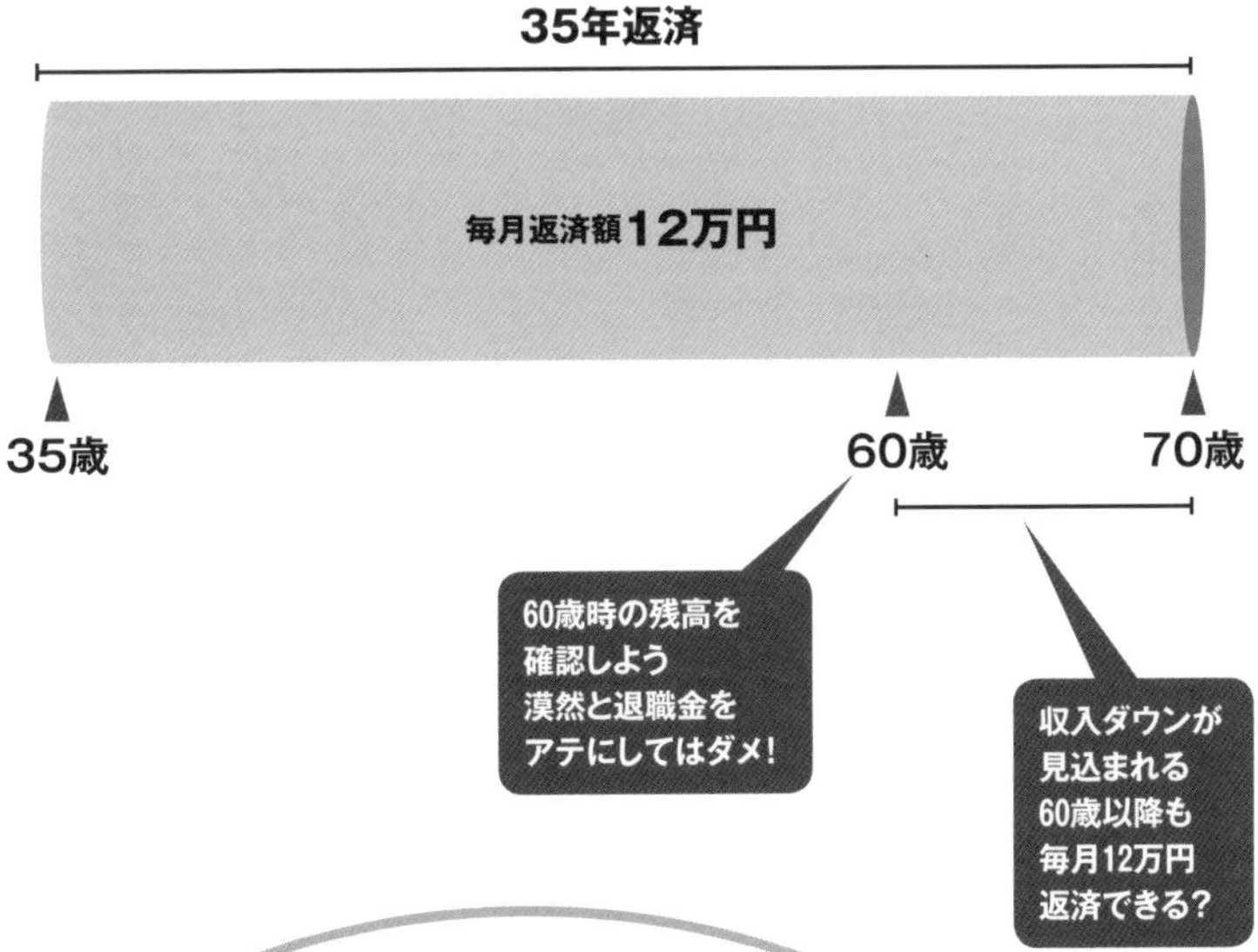
35年返済
毎月返済額12万円
35歳
60歳
70歳
60歳時の残高を確認しよう 漠然と退職金をアテにしてはダメ!
収入ダウンが見込まれる60歳以降も毎月12万円返済できる?

ほとんどの人は「何歳まで住宅ローン返済があるのか」を知っている。でも、「60歳時ローン残高」を把握している人は少ない!

72

「家賃並みの返済額」「いざとなったら貸せばいい」…売り手が流す情報をうのみにしてはいけない

みなさんは、マンションなどのチラシで「頭金ゼロでOK!」「月々の返済額は家賃並み」といった売り文句を見て、「これなら自分でも払えそうだな。買ったほうがトクかも」と思ったことはありませんか?　こうした情報は、一見、魅力的に見えますよね。

しかし、広告ではマンションの売り手が魅力的に見せるための情報〝だけ〟を前面に押し出していることに気をつける必要があります。

たとえば、「頭金ゼロ」。確かに頭金がなくても住宅ローンは組めますが、当然、借入額が非常に大きくなります。返済期間は長期にわたり、利息の負担も大きくふくらむでしょう。**住宅の売り手は、あなたがローンを返せなくても何の責任も負いません。ローンを背負うのは、あなた自身であることを忘れてはなりません。**

「家賃並みの返済額」というのも、実はウラがあります。住宅を買えば、ローンの返済に加えて固定資産税の支払いが発生しますし、マンションであれば管理費や修繕積立金も必要。これらの「ローン返済以外のコスト」を加えて1カ月あたりの負担を割り出すと、「家賃並み」にはとても収まらないのです。

　また、不動産のセールスマンは、よく「転勤など、何かあったら人に貸せばいいんです。家賃をローン返済に充てれば大丈夫ですよ」と口にします。

　しかし、月々のローン返済額くらいの家賃で貸し出せば、固定資産税や管理費、修繕積立金などの「ローン返済以外のコスト」分は赤字になりますよね。

　では、その分のコストも考えて赤字にならないように家賃を設定したら？　結構高い家賃になります。その賃料で、借り手は見つかりそうでしょうか？

　ちょっと計算してみれば、セールスマンがいうほど気楽な話ではないことが、すぐわかるはずです。

　このように、世の中に流布している住宅の情報は、売り手にとって都合のいいことばかりなのが実態。売り手のいうことをうのみにするのは、NGです。

73

すでに買った人も大丈夫！ローン60歳完済計画を立て利息を減らす方法

「40代で買うのがベスト」とあるのを読むと、30代で購入している人は「買ってしまった場合はどうしたらいい？」と思ってしまいますね。でも不安にならなくて大丈夫。**支払い利息を軽減するために「60歳完済計画」を立てましょう。**

まず、銀行へ行って60歳時のローン残高を試算してもらいます。将来の金利は4％、心配性の人は4・5％で仮定し、そこから金利優遇分（約束された割引）を差し引いて試算をお願いしてください。たとえば、60歳時の残高が1200万円という結果で、いま35歳なら、あと25年間で1200万円をどう返していくかを計画するのです。1200万円÷25年＝1年あたりの繰り上げ返済の目安は48万円。実際にはもっと少ない金額ですみますから、毎年30万〜35万円、または3〜4年に1度100万円を繰り上げ返済していくと、おおむね60歳までに完済できます。注意したいのは、繰り上げ返済ばかりに重点を置かないこと。保険を見直したり妻の収入を増やすなどして貯蓄を増やしながら繰り上げ返済をしていきましょう。

退職金をあてにせずにローンを完済すると、60歳以降の生活を安心して迎えられます。しかし私の相談経験では、60歳時のローン残高を知っている人は5%もいません。60歳時のローン残高を知るだけでも、将来の安心に向けて大きく前進できます。

□ いま、マイホームを購入していたら、60歳で完済を目指す!

すでにマイホームを購入した人のための
60歳完済計画

95%以上の人が60歳時残高を知らない!
まずは、金額を知ることから始めよう!

↓

- 銀行で「60歳時残高」を試算してもらう
- 将来の金利は、4%、または4.5%と仮置きして、そこから金利優遇分を差し引き試算
- 「60歳時残高の金額」÷「60歳までの年数」＝1年あたりの繰り上げ返済の目安
  （利息負担分がカットされるので実際にはもう少し少なくてすむ）
- いつ、どのタイミングで繰り上げ返済していくと、貯蓄を増やしながら、無理なく繰り上げ返済できるか計画を立てる

74

繰り上げ返済すると利息の分も返済額が減るけれど、必要な貯蓄は残しつつ、計画的に実行しよう

住宅ローンをできるだけ早く返し終えるには、毎月の返済分以外の資金を入れて「繰り上げ返済」を行うのが効果的です。繰り上げ返済したお金は元金の返済に充てられるため、減った分の元金に対してかかるはずだった利息をカットすることができます。

ところで、繰り上げ返済は早くやればやるほど利息カットの効果が大きくなりますから、堅実な人ほど「まとまったお金が貯まったら、できるだけ早く繰り上げ返済に回そう」と考えるもの。これは、理屈のうえでは間違いではありません。ただし、「やった分だけトクするんだからどんどん繰り上げ返済しよう」と突っ走り、〝繰り上げ返済ビンボー〟にならないよう、注意が必要です。

住宅ローンを早く返済することは大切ですが、一方で、みなさんは将来に向けて貯蓄も増やしていかなくてはなりません。もちろん、いざというときに動かせるお金は、つねに手元に残しておくべきです。繰り上げ返済はやりすぎることがないよう、**3～4年に1回くらい**を目安にし、貯蓄額と相談しながら計画的に行いましょう。

□ 繰り上げ返済の注意点

- イザというときの貯蓄200万円と
子どもの教育費は残したうえで繰り上げ返済する
- 貯蓄を増やしながら繰り上げ返済する
- 60歳時のローン残高を確認して、
「計画的に」繰り上げ返済する
- 少し貯まったらすぐに繰り上げ返済して
いっこうに貯蓄が増えない
「繰り上げ返済ビンボー」になってはいけない

無計画な繰り上げ返済が
一番ダメ

75 マイホームや保険を決める時、売り手側にだまされて後悔しない方法とは

住宅は、「人生で一番大きな買い物」といわれます。そして、「人生で2番めに大きな買い物」といわれるのが、生命保険です。

ここまでお読みくださったみなさんは、住宅と生命保険の選び方や買い方が、人生にどれだけ大きな影響を与えるかをイメージすることができたのではないかと思います。人生の〝大きな買い物〟で失敗すると、そのダメージを取り返すのは大変なのです。

この点、非常にこわいのは、住宅や生命保険に関する身近な情報のほとんどが〝売り手側〟からのものだということ。金融機関や不動産業者はビジネスをしているわけですから、みなさんから見て〝おいしそう〟に見えるような情報を前面に出してきます。一方、不利な情報は小さな文字でしか書いていないことが少なくありません。〝売り手側〟の情報だけを見たり、聞いたりして商品を選んでいては、〝おいしそうな話〟にだまされてしまう可能性が高いといっていいでしょう。

「だまされない人」になるためには、自分から必要な知識を身につけていくことが必要です。

具体的には、〝大きな買い物〟をする場合、**それに関連する本を読んで基礎知識をつけ、全体像を把握する**のがお勧めです。

たとえば、私は住宅ローンや生命保険の本を出しているので、本を読んで相談にきてくださった方にたくさんお会いしています。その方たちと話をして感じるのは、「本を1冊読むだけで、知識量にものすごい差がつくものなんだな」ということ。アドバイスをしていても話が通じるのが早いうえ、突っ込んだ質問をしてくる方も多いのです。これは、基礎的な知識が身についたことで「自分に必要な情報は何か」がわかるようになるからでしょう。

さらに基礎的な話を説明する必要がないため、面談時間を目一杯相談にあてることができおトクなのです。

情報を得るには雑誌やウェブを見るのも1つの方法ですが、体系だった知識を一気に身につけるには、やはり本が向いていると思います。取り返しのつかない失敗をしてしまってから後悔することがないよう、本という情報源をおおいに活用してください。

住宅は新築のほうがいいに決まっている？ 中古の意外な魅力とは

「家を買うなら、やっぱり新築がいい」——そう思う方は、きっと少なくないでしょう。確かに、ピカピカの家に住むのは気持ちいいに違いありません。でも、これから家を買うという人なら、中古物件にもさまざまな魅力があることを知っておいてソンはないと思います。

まず、新築物件には「実際の価値よりも割高だ」というデメリットがあります。新築の場合、広告宣伝費や販売会社の取り分などが上乗せされるため、買った瞬間に2割くらい価格が下がってしまうからです。これは逆にいえば、中古物件なら「余計な費用の上乗せがない、適正な価格で買える」ということ。

また、中古物件には「購入前に物件の履歴がわかる」というメリットもあります。

みなさんは、アメリカでは新築物件の価値が中古物件より低い場合があることをご存じでしょうか？　これは、新築が「履歴が不明で評価できない物件」ととらえられているからです。建物に瑕疵がないかどうかは住んでみなければわかりませんし、新興住宅地であれば、その家がどんなコミュニティに所属することになるのかも不明です。

確かに、日本でマンションに入居する場合を考えても、新築だとお隣や上下の部屋に住むのがどんな人かを事前に知るのは難しいですよね。この点、中古マンションならどんな人が周りにいるのかを調べることも可能です。

現地に住む友人によれば、アメリカでは、家を買った後に価値を高めるため、家の手入れをしたり、周囲に木を植えたりするのがごくふつうのことなのだそうです。また、よいコミュニティが形成されれば、それだけ家の価値も上がるのだとか。

この話を聞いて思うのは、日本の中古物件も「大事にされ、よく手入れされて住み

心地がよいもの」「よいコミュニティができているもの」であれば、そこに〝新築にはない価値〟があるといえるのではないか、ということ。

中古物件は相対取引になるため、新築物件よりも購入時の手間はかかります。よい物件を見つけようと思えば、探すのに時間がかかるかもしれません。それでも私の周囲には、中古で家を買い、大変満足している人もいます。もしかするとみなさんも、中古に目を向けてみると、自分に合った物件が見つかるかもしれません。

第7章

将来泣かないために、30代で「だまされない」投資力を身につける！

76

「貯める力」と「減らさない力」に加えて「殖やす力」を身につければ、これから怖いものなし！

将来に備え、30代が絶対に身につけておくべきなのは、〝貯める力〟と〝減らさない力〟の2つです。ここまでに見てきた、「コツコツ一定額を積み立て続ける」「生命保険や住宅ローンで無駄なお金を減らさない」という習慣を身につければ、人生はきちんと乗り切れます。

しかし実はもう一つ、できればみなさんに身につけておいてほしい力があります。それは、お金を運用して〝殖やす力〟です。

昔（みなさんの親が若かった頃）はいまよりもずっと金利が高かったので、銀行にお金を預けっぱなしにしておけば、お金を簡単に殖やすことができました。しかし、いまのような超低金利では、銀行にいくら預けておいてもお金はほとんど殖えません。将来に向けて資産を形成していくのに、お金を少しでも殖やせれば家計が助かるのは間違いありませんが、そのためには自分で〝殖やす力〟をつける必要があるのです。

貯蓄額の一部を投資に回し年3％くらいの利回りを目指すだけでも、20～30年という長期で見れば、資産額には大きな差がつきます。経験がないと「投資なんてこわいな」と思うことでしょ

□ 夫婦でそれぞれ月1万円（計月2万円）を投資に回して3%で運用できたら

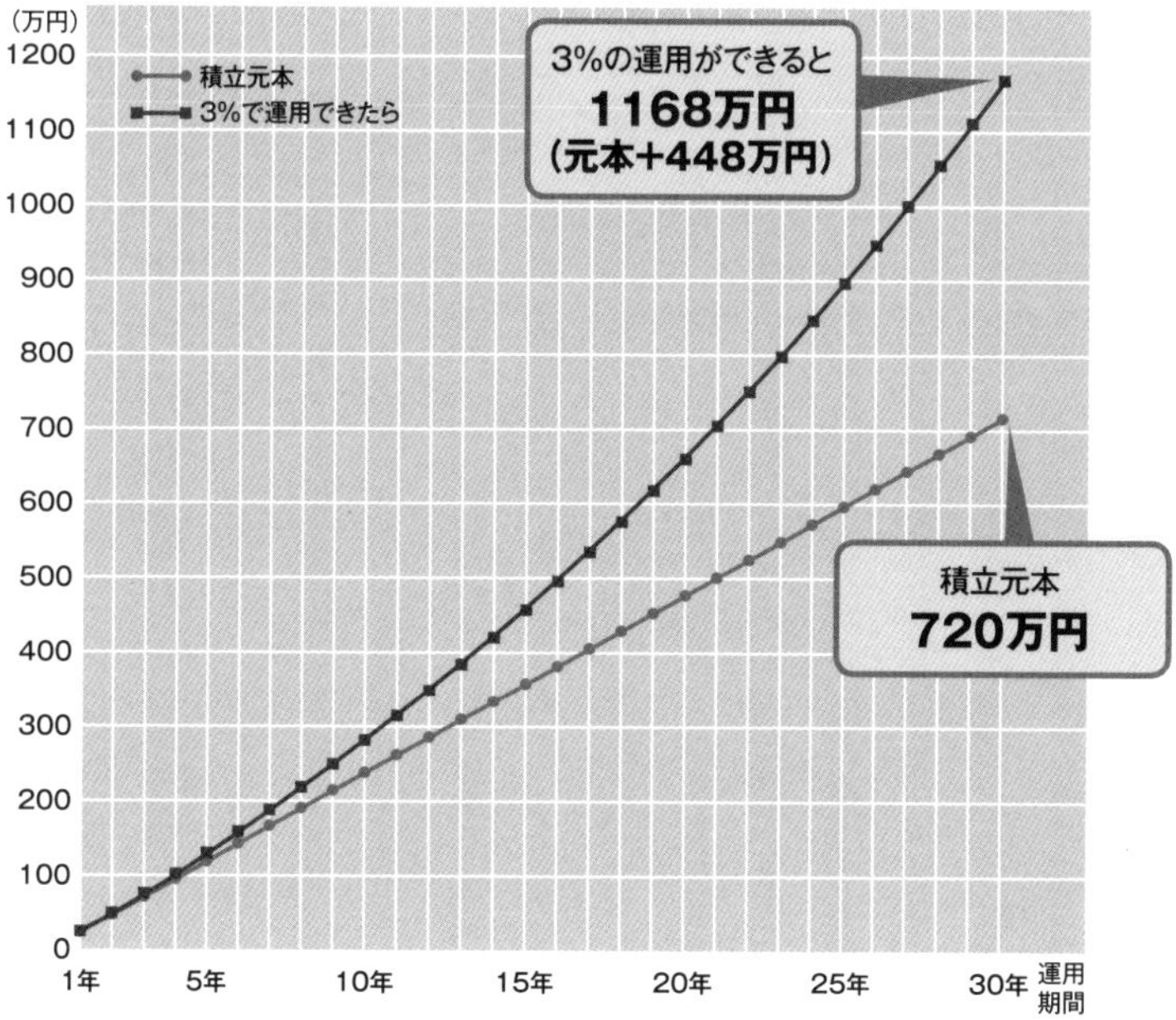
（万円）
1200
1100
1000
900
800
700
600
500
400
300
200
100
0
積立元本
3%で運用できたら
3%の運用ができると
1168万円
（元本+448万円）
積立元本
720万円
1年
5年
10年
15年
20年
25年
30年
運用期間

う。しかし、自分のお金をすべて投資に回すわけではありませんから安心して安心してください。財形貯蓄や銀行預金など元本保証のある安全確実な商品と組み合わせていけば、リスクは軽減されます。

経験を積みながら、堅実に少しずつ殖やしていくことを目指して、ぜひ前向きに取り組んでみてください。

77

30代は投資のトレーニングの開始期間
だまされないためのお金の知識をどう身につけるか

投資について学ぶのは、自分の身を守るためのリテラシーを身につけ、「やってはいけないこと」をきちんと判断できるようになるという目的もあります。金融商品のしくみやリスクについて、正しい知識を持つことや、「わからないものには手を出さない」といった基本的なスタンスを身につけることは大変重要です。

いまは投資に興味がないという人でも、最低限の知識を身につけておくことは必要。というのも、まとまったお金を手にすると「有利に運用しなければ」という気持ちが生まれる人が多いからです。たとえば「定期預金が満期になった」「退職金をもらった」などという場合、急に運用しようと思い立ってしくみのよくわからない金融商品に手を出して、大損する人は少なくありません。私は実際に、大事な退職金をあっという間に半分に減らしてしまった人からのご相談をたくさん受けました。**共通するのは、退職金運用が初めての投資だったこと、そして自分で商品を選ばずに金融機関の勧める商品を買ったことです。若いうちから投資の経験があれば、このような失敗は避けることができたでしょう。**

本当に大事な知識はそうたくさんありませんから、「難しそう」などと心配しなくても大丈夫。

〝おいしそうな話〟にだまされないために、30代のうちから投資の勉強を始めましょう。

□ 30代で投資して、マネーリテラシーをアップする!

60歳で投資デビュー。
金融機関の勧める
商品を買ったら
退職金
あっという間に
半分になった人は
少なくない
退職金

マネーリテラシーがないまま、
売り手の勧める商品を買ってはダメ!
若いうちから投資のトレーニングを!

78

預貯金が「徒歩」なら、投資は「自転車」投資の勉強は、実際に「やってみる」ことが大切

預貯金でお金を貯めるのは、徒歩でゴールに向かうようなものといえます。一歩一歩足を運べば必ずゴールできますし、転ぶこともありませんが、ゴールにたどり着くのに時間がかかるのが難点。

この点、**投資をすることは「自転車に乗ってゴールに向かうこと」だと考えられるでしょう。**練習しなければ上手に乗れるようにはなりませんし、練習中は転んでけがをすることだってあります。でも、一度乗れるようになってしまえば、徒歩に比べてずっと早くゴールにたどり着けるのです。さらに、自転車に乗れるようになれば、トレーニングしだいではバイクにも乗れるようになります。バイクならもっと早く、遠くに行けるようになるでしょう。

これまで値動きのある投資商品を買ったことがない人は、「投資にチャレンジしてみましょう」といわれても、なかなか手を出しにくいかもしれません。「ソンはしたくない」「どうすれば失敗しないだろうか」などと考えてしまったとしても、無理はないと思います。でも、〝殖やす力〟をつけるには、自分で実際に投資してみることが不可欠です。いくら自転車のしくみを学ん

だところで、ペダルを漕がなければ乗れるようにならないのと同じこと。転んで失敗を経験して
こそ、「正しい自転車の乗り方」が身につくのです。

□ 投資の勉強は、実際に「やってみる」ことが大切

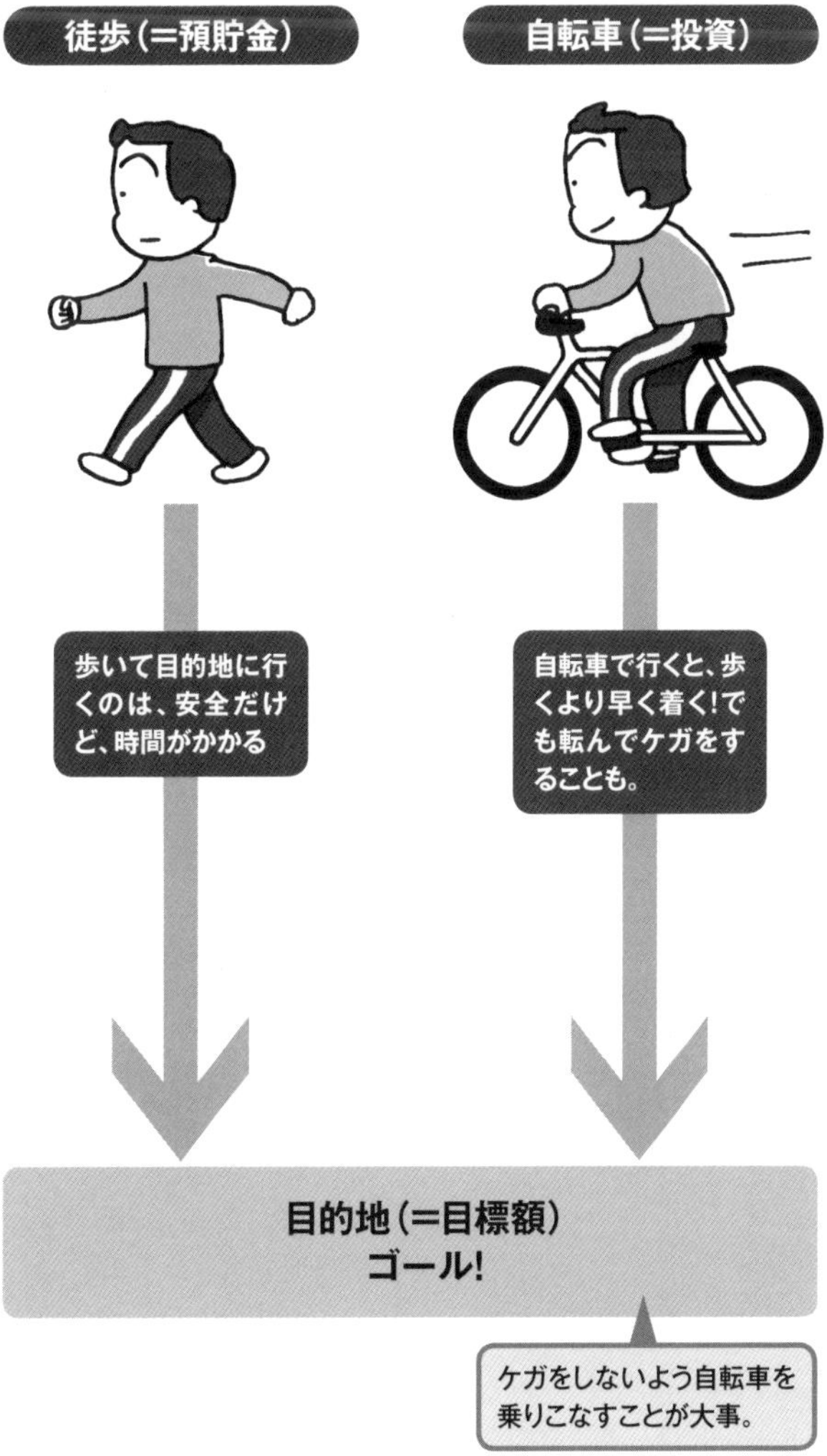
徒歩（＝預貯金）
自転車（＝投資）
歩いて目的地に行くのは、安全だけど、時間がかかる
自転車で行くと、歩くより早く着く！でも転んでケガをすることも。
目的地（＝目標額）
ゴール！
ケガをしないよう自転車を乗りこなすことが大事。

79

投資をするには、銀行や郵便局は向かない 手数料が安いネット証券に口座を開くといい理由

投資を始めるには、値動きのある投資商品を扱っている金融機関に口座を開く必要があります。30代のみなさんは、まずはネット証券に口座を開設しましょう。

最近は、銀行や郵便局でも投資商品を取り扱っています。しかし、私は銀行や郵便局で投資をするのはお勧めしません。というのも、商品のラインアップに偏りがあるからです。バラエティに富んだ商品ラインアップという点では、ネット証券のほうに軍配が上がります。「銀行や郵便局なら窓口で投資の相談ができて安心なのでは？」と考える方もいるかもしれませんが、金融機関の窓口にコンサルティング能力を期待するのはNG。プロの目から見ると、十分なコンサルティング力のある窓口担当者は少ないといわざるを得ません。

忙しい30代のビジネスパーソンにとって、**ネット証券はいつでも取り引きできるので使い勝手がいい**でしょう。**また、みなさんの世代は、ネットで情報を収集して自分で買いたいものを決める能力に長けているはず。その能力を投資でも活かすには、やはりネット証券が向いていると思います。**

投資をするなら品揃え&コスト面でネット証券がいい!

ネット証券って?

店舗を持たず、インターネットや電話で取引する証券会社のこと

私がお勧めの
初心者向けネット証券はこれ!

- SBI証券
- カブドットコム証券
- マネックス証券
- 楽天証券

上記4社は、
ネット証券大手で
インデックス・ファンド
(P206−207で紹介)も
扱っています

80

30代だったら、まずは10万円を投資！痛い思いやおいしい思いを体感するのが大事

投資は、預貯金が100万円貯まったら、10万円から始めましょう。

投資経験がないと、「いつから、どれくらいの金額で始めればいいのか」と迷うものでしょう。何かあった時にすぐ動かせる預貯金は手元に残しておかなくてはなりませんから、100万円の貯蓄は最低ラインとして用意してください。

私が10万円から投資を勧めるのは、これくらいの金額で投資をすると「痛い思い」や「おいしい思い」を体感しやすく、「買った商品の値段が動くというのがどんなことか」がわかるからです。たとえば、10万円で買った商品なら、2割値上がりすれば、あなたの資産は12万円。2万円殖えてくれたら、うれしいですよね。一方、2割値下がりすれば、資産は8万円。これは、「ちょっと痛いけれど、致命傷にはならない」くらいの損失といっていいでしょう。

投資商品は1万円でも買うことができますが、1万円が1万2000円になったり、8000円になったりしても、うれしさや痛みは体感しにくいと思います。**投資しているのだという実感が持てるくらいのお金を投じたほうが、勉強になりやすい**のです。

□ まずは10万円で投資してみよう

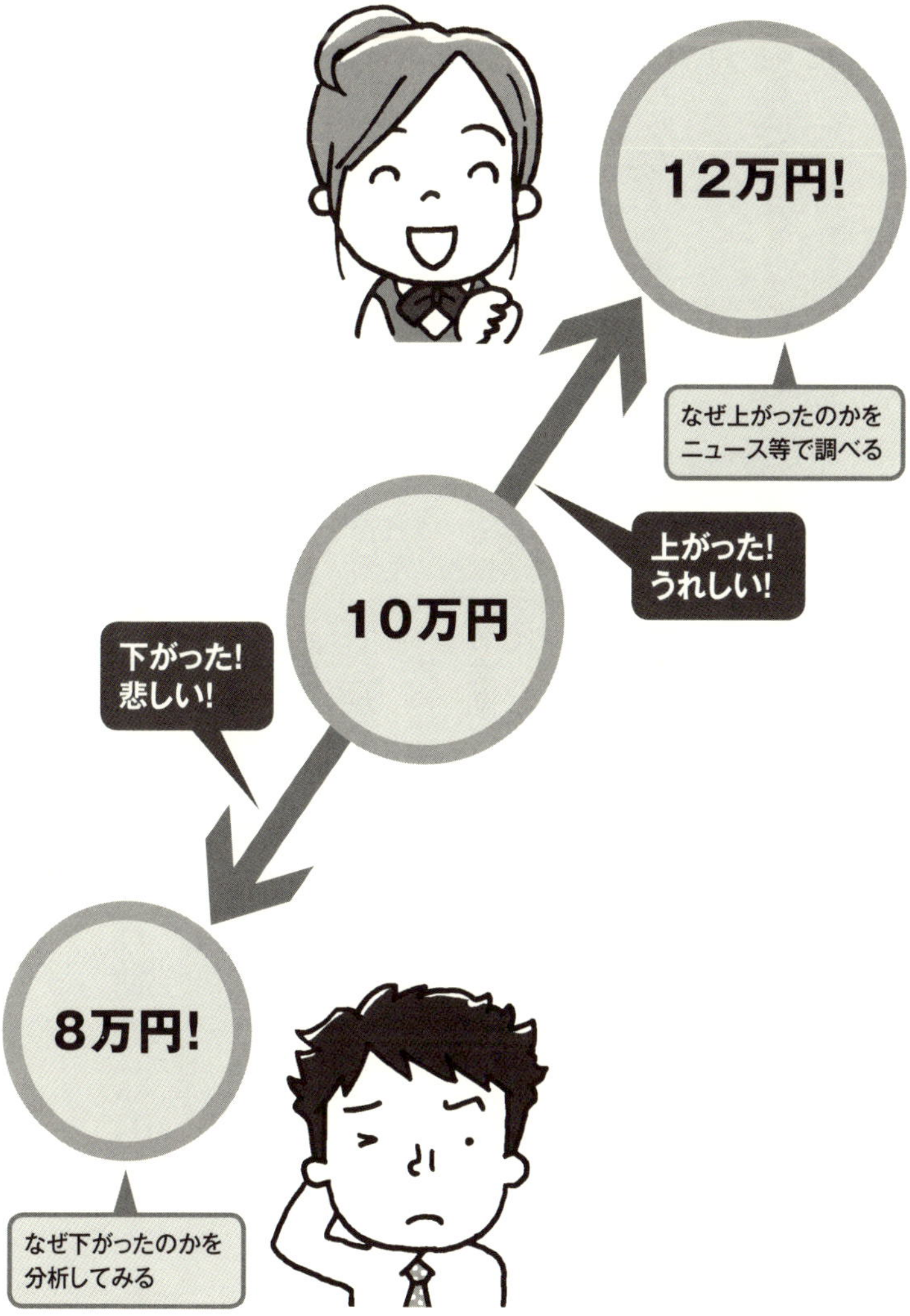
12万円!
なぜ上がったのかを
ニュース等で調べる
上がった!
うれしい!
10万円
下がった!
悲しい!
8万円!
なぜ下がったのかを
分析してみる

81

投資するなら〝練習向き〟の「投資信託」から。なぜ、日本株の「インデックス・ファンド」がお勧めなのか

投資をこれから勉強するという人が、〝練習〟として買ってみるのにお勧めなのは、**「日本株インデックス・ファンド」**です。これは、「日本の株式市場全体の動きを表す指標＝インデックス」と同じように価格が動く投資信託のことで、どこの証券会社でも買うことができます。

インデックスというと「なんのことだろう」と思う方もいるかもしれませんが、「日経平均株価」はみなさん聞いたことがあるでしょう。日経平均は、代表的なインデックスの1つです。このほか、「TOPIX（トピックス）」という、東京証券取引所全体の動きを示すインデックスもよく知られています。

私が投資初心者にインデックス・ファンドを勧めるのは、情報が取りやすく、投資の勉強にうってつけだからです。

日経平均株価やTOPIXの動きは、情報サイトやテレビのニュースなどで簡単にチェックできますし、株価が大きく動けばその理由も新聞などで詳しく解説されるもの。こうした情報を継続して追っていると、「株価はこういうときに上がるんだな」といったことが身にしみてわかる

ようになってきます。インデックスファンドに投資することは、投資に必要な知識を学ぶきっかけになるのです。

■ 投資の初心者は、"練習向き"の商品から始めよう

日本株インデックス・ファンドを買うことは、
日本株全体を買うことと同じ!

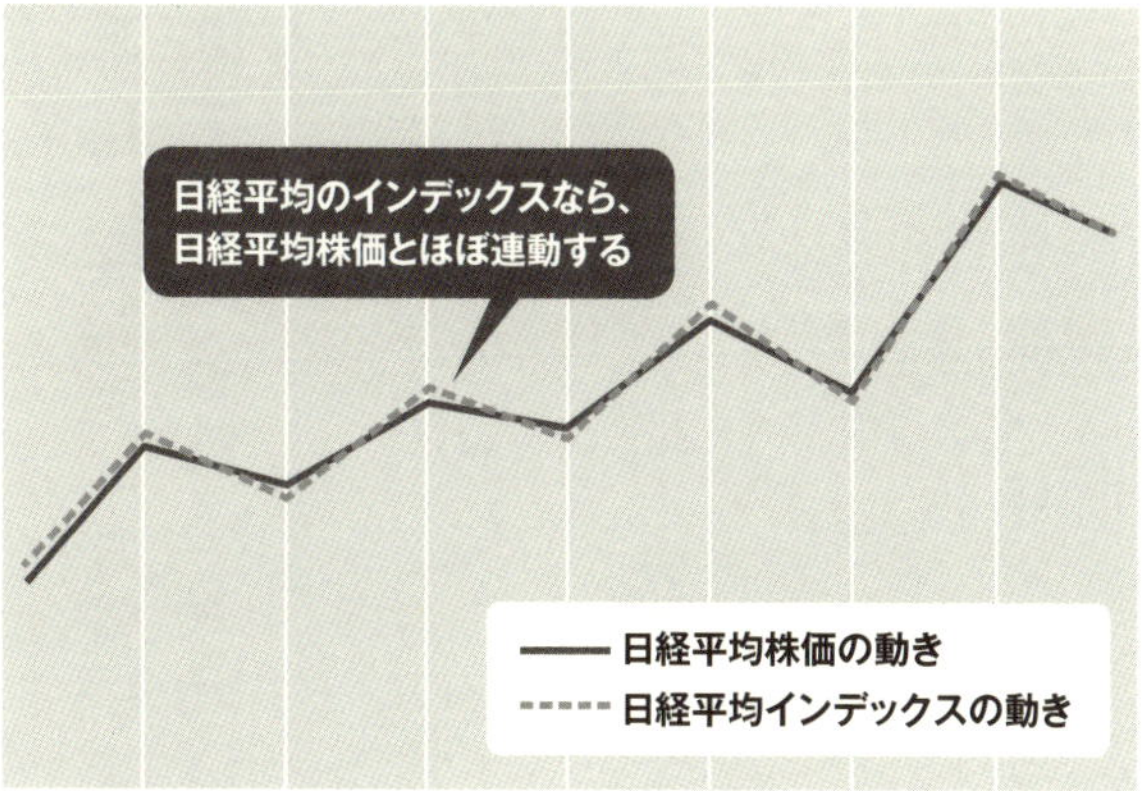
日経平均のインデックスなら、
日経平均株価とほぼ連動する
日経平均株価の動き
日経平均インデックスの動き

2つの用語を知っておこう

「日経平均株価」

日本経済新聞社が選ぶ225銘柄の平均株価のこと。ファンド名は『225インデックス・オープン』『インデックス・ファンド225』など。

「東証株価指数(TOPIX)」

東京証券取引所一部という日本で一番大きな株の取引所で扱う株の全体の動きを表す指数のこと。ファンド名『TOPIXオープン』『TOPIXインデックス・ファンド』など。

インデックス・ファンドも
数多くあります

82

投資商品は「手数料」が安いものを選ぶのが鉄則。金融機関で勧められる商品は要注意！

投資商品を選ぶ際、大切なポイントとなるのが手数料です。

投資を始めたばかりの人は、「どれくらい値上がりしそうなのか」といったことには目が向くものの、手数料についてはチェックを忘れてしまいがちなもの。

しかし長期でお金を運用する場合、高い手数料が投資の儲けの足を引っ張り、運用成績に大きな影響を与えることが多いのです。「投資商品を選ぶときは、**手数料が安いものを選ぶのが鉄則**」ということを覚えておきましょう。この点、先にお勧めした「インデックス・ファンド」は、手数料が安い商品の代表例といえます。

残念ながら、金融機関の窓口では、手数料が高い金融商品を勧められることが少なくありません。日本人は「銀行や郵便局は信用できる」「金融機関が投資家にとってよくない商品を勧めるはずがない」と信じている人が多いように思いますが、銀行や郵便局も〝商売〟ですから、自分たちが受け取る手数料が高い商品ほど熱心に売るものなのです。投資にあたっては、**必ず自分で手数料をチェックする習慣**をつけてください。

手数料が高い商品を選んではいけない

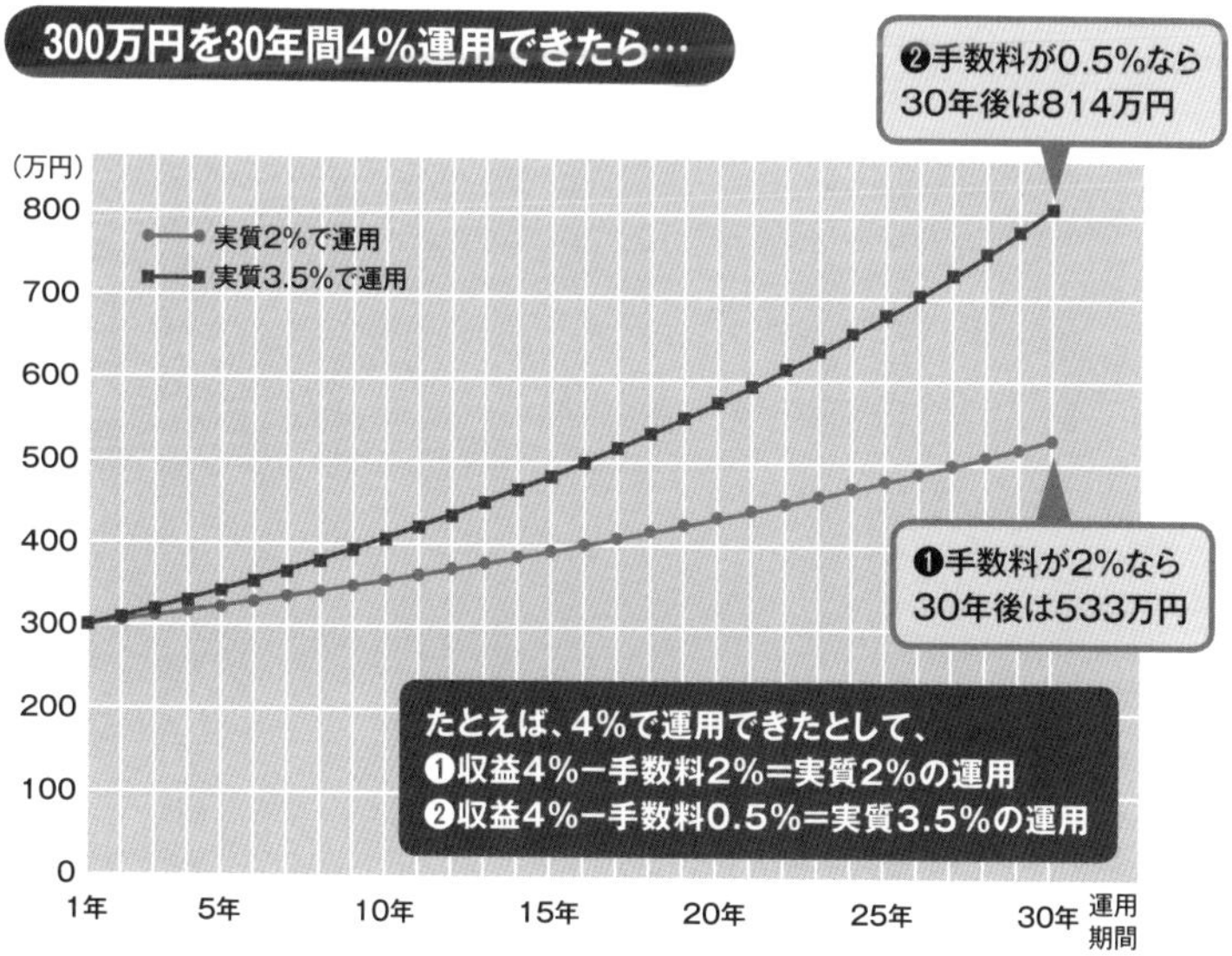

300万円を30年間4%運用できたら…
❷手数料が0.5%なら
30年後は814万円
(万円)
800
700
600
500
400
300
200
100
0
実質2%で運用
実質3.5%で運用
❶手数料が2%なら
30年後は533万円
たとえば、4%で運用できたとして、
❶収益4%−手数料2%=実質2%の運用
❷収益4%−手数料0.5%=実質3.5%の運用
1年
5年
10年
15年
20年
25年
30年
運用期間

手数料は投資の儲けの足を引っ張る!

> **チェックすべきは、最初にかかる「購入時手数料」と**
> **持っている間中かかる手数料である「運用管理費用(信託報酬)」。**
> **目安は、購入時手数料はゼロ、またはゼロに近いものがいい。**
> **運用管理費用は、インデックス・ファンドなら年率0.5〜0.7%が目安**

83

「ギャンブル性が高い」「カモにされる」「手数料が高い」この3つは買ってはいけない金融商品の代表！

プロの目から見れば、金融商品は「金融機関にとって都合のいいもの」がとても多いのが実態。思い切って言ってしまえば、私は、世の中にある金融商品のうちの9割は個人投資家にとって「要らない商品」だと思っています。なかでも左ページに挙げた**「絶対に買ってはいけない金融商品」は、ここでしっかり覚えておきましょう。**

まず避けるべきなのは、ギャンブル性が高い商品。一獲千金でお金を殖やそうとするのは、「投資」ではなく「投機」です。将来に向けて長期で資産を形成するという目的には合いませんし、取り返しのつかない損失を被る可能性があることはいうまでもありません。

また、しくみが複雑で理解できないものには手を出してはいけません。というのも、複雑な金融商品は、金融機関が個人投資家をカモにするための商品ばかりだからです。こうした商品は一見、いいことづくめに見えたりおいしそうに見えたりするものですが、「おいしいだけの金融商品」はありえません。

手数料が高いものを選ぶべきではないことは、先にご説明したとおりです。投資信託の場合、

□ 絶対に買ってはいけない金融商品

① ギャンブル性が高い

- **FX➡**パチンコのように中毒性がある。徐々に四六時中為替のことばかり考えるようになってしまう
- **株の信用取引➡**少しの自分のお金と借金で株式投資をする。儲けも大きいけれど、失敗すると損失はかなり大きくなる
- **金や商品の先物取引➡**信用取引と同じようなしくみ。素人や初心者が手を出すものではない

② しくみが複雑でカモられる

- **変額年金保険(払込保険料の最低保証付き)➡**「保険」とつくが、中身は投資信託。払った保険料は値動きがあるはずなのに、元本保証されている。一見おトクに見えるが、しくみは複雑で、結局利息ゼロとなる可能性大
- **通貨選択型ファンド➡**ブラジルレアル建てなどが大流行しているが、投資先の経済や為替に大きな変化があると一気にソンをする可能性あり。しくみはかなり複雑。

③ 手数料が高く、損する可能性大

- **変額年金保険➡**中身は投資信託で保険としての手数料もかかるため、それらを合わせて手数料は毎年3%程度とかなり高い。プロの運用でも、リスクの少ないバランス運用で3%を上回るのは難しい。(=リターンも少ない)一見おトクに見えるから注意。
- **外貨預金➡**特に女性に人気が高いが、為替手数料が高いので儲けの足を引っ張る。外貨投資をするなら、外貨MMFで。
- **手数料が高い投資信託やテーマを絞った投資信託➡**保有中にかかる運用管理費用が年率2%以上なら過去の実績をチェック。テーマを絞った投信は流行遅れになり、価格が下がる恐れが。これまでには「IT」や「ゲノム」などのテーマ型投信の価格が大幅に下がり、多くの投資家がソンした。

運用管理費用が年率2%以上のものは、投資の候補にできないと考えていいでしょう。

84

「買って、持って、売る」が1つの経験。投資商品を買ったら、「いくらになったら売るか」を考えよう

投資では「長期で運用することが大切」といわれます。これは間違いではありませんが、なかには「投資商品を買ったら、ずっと持ち続けているのがよいのだ」と誤解する人もいるようです。しかし、「何十年も持っているだけで、確実にお金が殖え続ける商品」というのは存在しません。

投資をする際は、商品を買ったら「いくらになったら売るか」を考えてみることが大切です。

たとえば、日経平均が1万円のときに、日経平均に価格が連動する日本株インデックス・ファンドを10万円分買ったとしましょう。あなたは、日経平均がいくらになったらこのファンドを売却すべきか、新聞やネットの情報を見ながら考えなくてはなりません。「景気が回復すれば、日経平均は1万3000円くらいまでは上がるだろう。10万円が13万円になるのか。そうしたらいったん売って、3万円の利益を確定させよう」というように、自分でシナリオを考えてみるのです。

そして、実際に「買って、持って、売る」という経験を積むことが大切。買ったあとは、経済関連のニュースを新聞やネット、テレビ等でチェック。値動きの要因について関心を持つようにしてください。

こうした一連の経験を積めば、だんだん投資に対する興味が増してくるはずです。そうしたら、セミナーに行ったり本を読んだりして勉強するのがお勧め。**勉強するだけでも、やみくもに投資するだけでもなく、「売買を経験しながら勉強する」**のが、〝殖やす力〟を身につける近道です。

□「長期投資」は「長期ほったらかし投資」ではない！

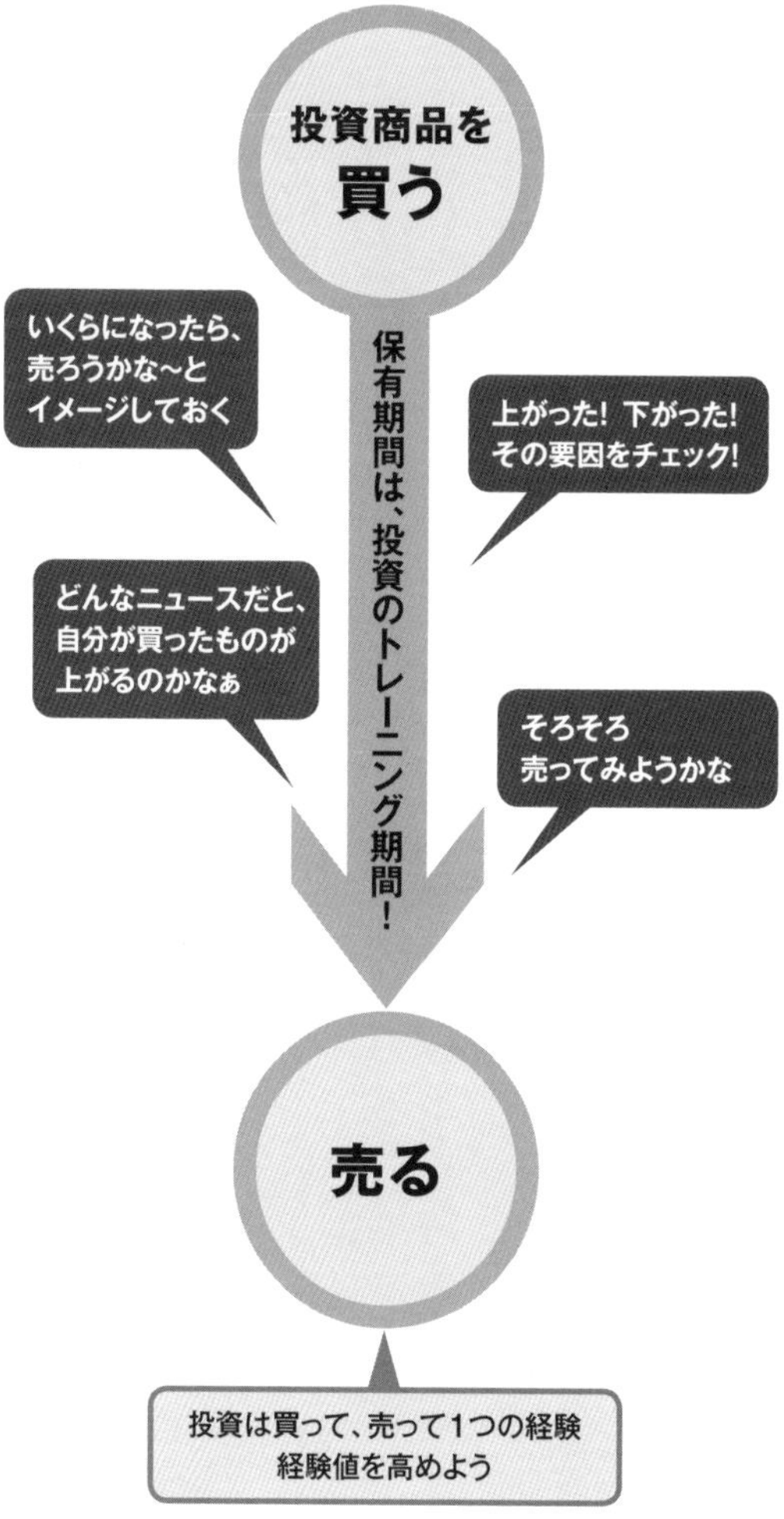
投資商品を買う
保有期間は、投資のトレーニング期間！
いくらになったら、売ろうかな～とイメージしておく
上がった！ 下がった！ その要因をチェック！
どんなニュースだと、自分が買ったものが上がるのかなぁ
そろそろ売ってみようかな
売る
投資は買って、売って1つの経験
経験値を高めよう

85

「おつき合い」でいい商品と実感できたら、長期の「結婚」へ！ お勧めは積み立て投資

投資のトレーニング期間は、いってみれば投資商品と〝お付き合い〟している状態です。もし「これは本当にいい商品だな」と思えたら、〝結婚〟を考えてもいいでしょう。投資における〝結婚〟とは、毎月5000円、1万円など一定額を長い期間積み立て投資していくことです。

積み立て投資は、長期の資産形成に向く投資方法です。それは、「値動きのある商品を毎月同じ額ずつ買い続けることで、安いときにたくさん、高いときには少なく買える」から。まとまったお金を一気に1つの商品につぎ込むと、価格が高いところで買ってしまう「高値づかみ」となる可能性があります。この点、積み立て投資なら、高値づかみをする心配はありません。たいていのネット証券ではファンドの積み立てが可能ですから、月々の積み立て貯蓄のうち、一部をファンドの積み立てに回してもよいでしょう。

積み立て投資は個人投資家にとって非常にメリットが大きいのですが、積み立ててから投資を始めてしまうと、「積み立ててさえしていれば安心だから」と値動きに関心が持てなくなったり、積み立てているファンドの運用成績が振るわない時期に「こんなはずではなかった」と弱気になっ

たりしがちです。必ず、〝お付き合い〟して納得してから〝結婚〟に踏み切るというステップを踏むようにしましょう。

「じっくり積み立て投資」で資産形成を始めよう

投資信託の積み立て購入のしくみ（毎月1万円ずつ購入のケース）

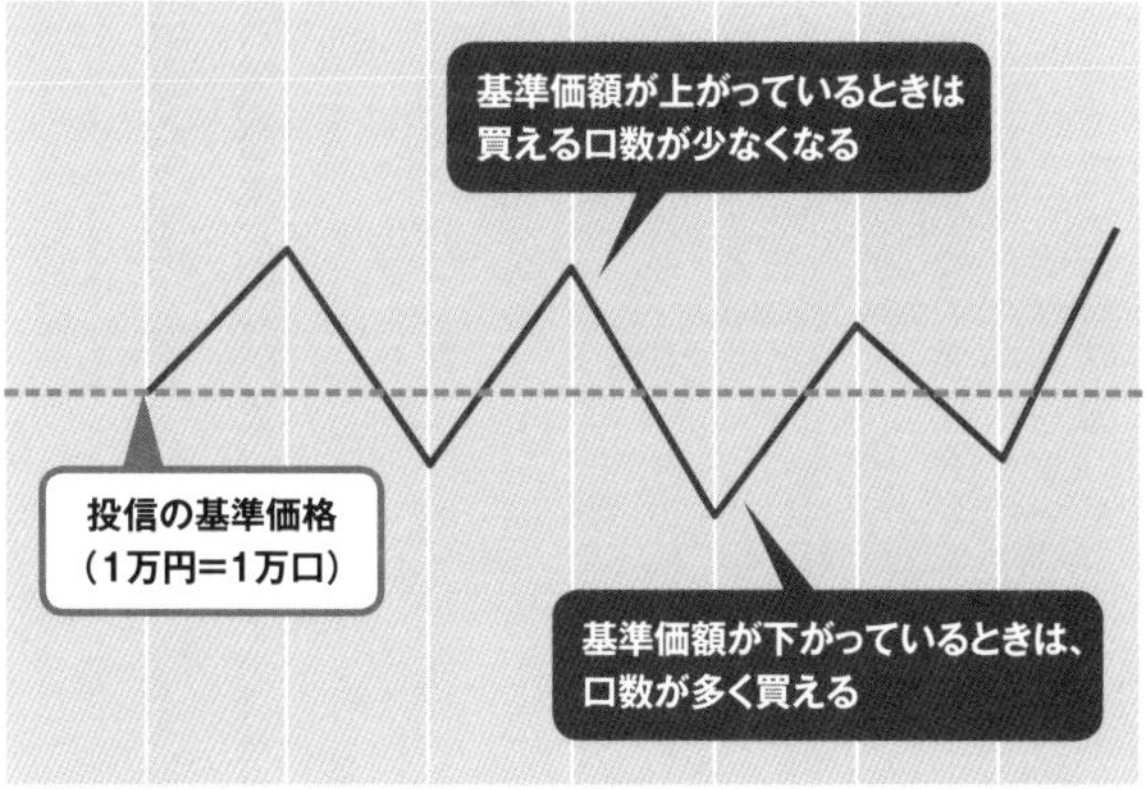
基準価額が上がっているときは買える口数が少なくなる
投信の基準価格（1万円=1万口）
基準価額が下がっているときは、口数が多く買える

投信の積み立て購入のメリット

- 毎月1万円とか2万円で買い付けていくことができるため、まとまった投資資金のない若い世代に向いている
- 価格が下がっているときには、口数を多く買うことができる
- 価格の「タイミング」を見ながら、いつも安いところで買い続けるのは難しいので、毎月「定額」で買い続けることで、価格の分散ができる

投資を始めると、自然に経済の知識がついてくる。景気の先を読む力をつけ、〝稼ぐ力〟も鍛えよう

投資には、ビジネスパーソンとして見逃せない〝副効用〟があります。それは、経済の流れが見えるようになっていくこと。

大事なお金を使って投資を始めると、いままで「自分には関係ない」と思っていた経済ニュースが、急に身近に感じられるようになるものです。専門家のコメントなどをチェックするうちに、自然に知識がついてきます。

なによりも、景気の動向について敏感になれるのがポイント。経済指標の変化から景気の動向をつかみ、それが仕事にどんな影響を与えるかを読み解く力は、ビジネスパーソンにとって大変重要です。

たとえば、日経新聞の一面に載っている「日経平均株価」。これらが上昇しはじめたら、それは景気回復のメッセージです。

景気が回復すれば、企業の人材採用が活発になりますから、転職を考える人にとっては希望の仕事を見つけるチャンスが広がることを意味します。もしかすると、好条件でステップアップを図ることができるかもしれません。

また、景気が良くなれば当然、勤務先で新商品開発案件が増えたり、販促予算がた

株価の動きで景気のよしあしがわかる!

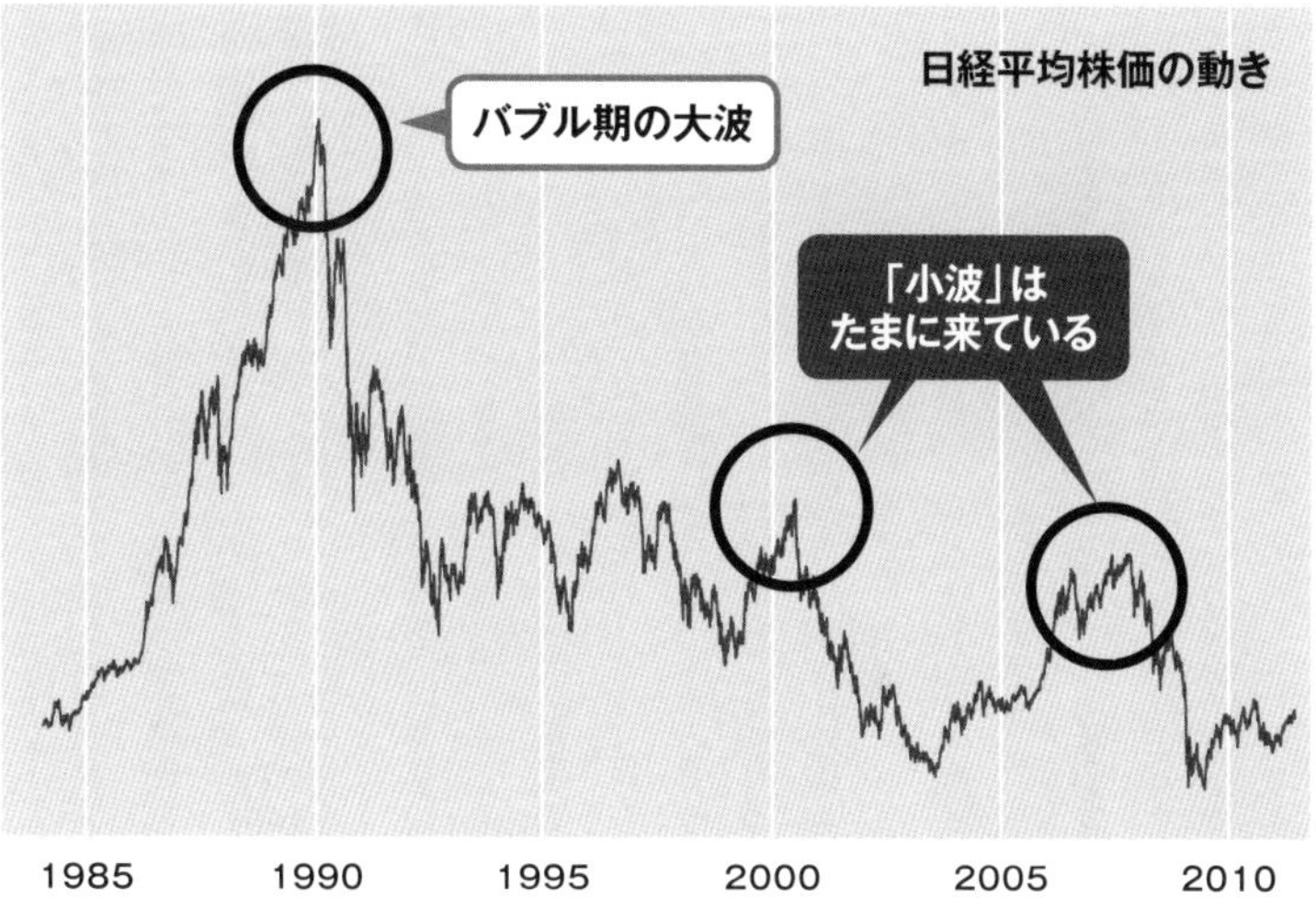
日経平均株価の動き
バブル期の大波
「小波」は
たまに来ている
1985
1990
1995
2000
2005
2010

くさん出たりします。

つまり、景気回復時は、ビジネスパーソンが仕事に注力してスキルアップを図る好機なのです。「いまが頑張りどきだ」と自分に言い聞かせ、いいアイデアを出したり、積極的にプロジェクトに参加したりすれば、ワンランク上の仕事を獲得することができるでしょう。

株価は、漫然と見ているとあまり大きな動きがないように感じるかもしれません。確かに、バブル期の〝大きな波〟と比べれば、今はおだやかな凪のように見えます。

しかし投資を行うなかで日経平均株価を日々チェックしていると、どちらも〝小波〟

があることに気づくはず。そして、ビジネスの世界がその〝小波〟に敏感に反応していることも感じ取れるようになるでしょう。

経済指標を先読みし、景気の〝小波〟を逃さず良い仕事を積み重ねてビジネスパーソンとして成長していければ、おのずと収入もアップするでしょう。投資は、〝殖やす力〟だけでなく〝稼ぐ力〟を鍛えることにもなるのです。

おわりに

ファイナンシャルプランナーになる前の会社員時代は、「お金オンチ」でした。

お給料日前の銀行口座はいつもすっからかん。それどころか、ボーナスで毎月の赤字補てんをしていたくらいです。

入社数年後、財形貯蓄をしている同期入社の同僚に「なぜお金を貯めるの？　結婚したらダンナさんのお金で生活するし、家を買うときもダンナさんのお金で買うんだから、貯めても生きている間に使わないかもしれないじゃない」なんて、今思い出すと赤面するようなことを言っていたのです。決してお嬢様育ちではなかったのに、まったく世間知らずでした。

そのうち英語力必須の部署に異動になり、英会話スクールへ通うことにしましたが、その費用の30万円がない……。仕方なく親に借金を申し込んだら「それくらいのお金もないのか」と叱られてしまいました。そんな私を見て、積み立て好きの姉が「とにかく積み立てでお金を貯めるように」と言ったことがきっかけで財形貯蓄をはじめました。

目的もないままはじめましたが、2年かけて100万円貯まったとき、ちょっとした達成感があったことを覚えています。そうなると「200万円になる時期はいつかな」と貯めるのが楽しくなるんですね。

本書でも「残ったら貯蓄では貯まりません」「目的がなくても貯めるんですよ」と繰り返し言っていますが、いずれも、私の体験もふまえたアドバイスなのです。


わずかな金額ながらそのとき貯めたお金は、会社を辞めてFPを目指したときに役に立ちました。15年前のことですから、PCやFAXを買うには今よりまとまったお金が必要でしたし、FP講座の費用や勉強するために買った書籍代もばかにならない金額です。そのとき使ったお金は、FPとして仕事をするようになり回収できましたが、貯蓄がなかったらこの世界に一歩踏み出すのも難しかったかもしれません。積み立てを勧めてくれた姉に感謝です。


さて、セミナーなどで、よく質問されますのでFPになってからの私自身のファイナンシャルプランニングがどういうものかを少しお話ししておきましょう。

夫と私は、夫の両親との4人暮らしで、子どもはいません。

夫婦ともに国民年金加入の自営業者で、「ねんきん定期便」をもとに試算してみると、将来もらえる年金は2人で年180万円くらい……。会社員のひとり分の厚生年金にも満たない金額です。退職金もありません。毎年の収入の変動も結構ありますから、リスクの高い夫婦といえます。

リスク対策は、できるだけ長く働けるような仕事の仕方を「今」心がけること。専門分野を増やしたり、軸がブレないアドバイスができる自分を作っておいたりすると、年をとっても仕事があるのではないかと勝手に目論んでいます（笑）。

できれば、細く長く生涯現役を目指したいですね。働くことが前提のプランですが、病気で計画通りに働けない時期があるかもしれないので、毎月一定額の積み立てはきちんとするようにしています。

保険は、死亡保障が1000万円とがん保険のみ。私に万一のことがあったら住宅ローンの残債を返せるようにと生命保険に1000万円だけ入っています。ローンを完済したら、保険金額を下げるつもりです。

医療保障は、がん以外の病気入院は持っている貯蓄でカバーすることにし、医療保険を最近やめました。毎月の保険料が1800円のがん保険だけ残しています。

読者のみなさんより年齢が上ですし、子どもがいないので、大きなお金が出ていくライフイベントはこの先予定がありません。ですから、イザというときの貯蓄がまるまる病気の備えに使えます。

こうして書いてみると立派なFPに見えるかもしれませんが、それほどたいしたことはなく、私より堅実に計画的にお金を貯めている友人が何人もいます。

ただ、私が守っているのは本書で提案している「積み立てをする」「保険やローンでムダなお金を使わない」「働き続ける」の3つ習慣だけ。これさえ守れていたら、多少飲み代に使いすぎても、気にしないようにしています。

お金の不安から解放されるためにも、みなさんに3つの習慣を身につけてほしいと思っています。お金のことは、よくわからないと不安でくよくよ考えてしまいますが、正しい知識を身につけるほどお金について考える時間はぐっと少なくなるものなのです。

入門書であるこの本が「自分なりの居心地の良いお金とのつきあい方」を見つけるきっかけになったら、こんなにうれしいことはありません。

私のところへ相談にいらした方々や、セミナーの受講者、雑誌の連載の読者の方々のおかげで、一般論ではない今の30代の気持ちをくみ取ったアドバイスができるようになりました。また、ダイヤモンド社の土江英明さんには、たび重なる打ち合わせを経て本書の執筆の機会をいただき、編集担当の木村香代さんからは常に的確なアドバイスをいただきました。また、千葉はるかさんにはマラソンの伴走者のようにそばでサポートしていただきました。

この場を借りて、みなさんに心から感謝申し上げます。

最後までお読みいただき、ありがとうございました。

2011年4月

ファイナンシャルプランナー　深田晶恵

※本書に相談事例の記載がある場合、プライバシーを考慮して実際の相談内容の一部を変えていることをご了承ください。

［著者］

深田 晶恵（ふかた・あきえ）

ファイナンシャルプランナー（CFP）、(株)生活設計塾クルー取締役。1967年生まれ。外資系電器メーカー勤務を経て96年にFPに転身。現在は、特定の金融機関に属さない、独立系のFP会社である生活設計塾クルーのメンバーとして、個人向けコンサルティングを行うほか、メディアや講演活動を通じて、「買う側に立った視点」でのマネー情報を発信している。15年間で受けた相談は3000件以上。「すぐに実行できるアドバイスを心がける」のをモットーとしている。

日本経済新聞夕刊、日経WOMAN、日経ビジネスAssocie等でマネーコラムを連載中。『住宅ローンはこうして借りなさい・改訂３版』、『住宅ローンにだまされるな！住宅ローン見直し編』、『災害時　絶対に知っておきたい「お金」と「保険」の知識（共著）』、『生命保険はこうして選びなさい・新版（共著）』（いずれもダイヤモンド社）、『女子必読！幸せになるお金のバイブル』（日本経済新聞出版社）などがある。

所属先：(株)生活設計塾クルー　TEL03-5342-6250　http://www.fp-clue.com/
ブログ：「お金のおけいこ」http://www.fp-clue.com/
Twitter　アカウント：@akiefukata

30代で知っておきたい「お金」の習慣
——99％が知らずにソンしている85のこと

2011年５月19日　第１刷発行

著　者———深田晶恵
発行所———ダイヤモンド社
〒150-8409　東京都渋谷区神宮前6-12-17
http://www.diamond.co.jp/
電話／03･5778･7234（編集）　03･5778･7240（販売）
装丁・本文デザイン—大谷昌稔（パワーハウス）
イラスト———関口紀子
製作進行———ダイヤモンド・グラフィック社
印刷———信毎書籍印刷（本文）・共栄メディア（カバー）
製本———宮本製本所
編集協力———千葉はるか
編集担当———木村香代

ISBN 978-4-478-01531-5